"Cristãos que se beijam"
e o "Crepúsculo dos deuses"

João Paulo dos Reis Velloso

"Cristãos que se beijam" e o "Crepúsculo dos deuses"

Cristianismo para o nosso tempo:
Cultura Grega (Paideia), Império Romano e
Universalização do Cristianismo

CIVILIZAÇÃO BRASILEIRA
Rio de Janeiro
2011

Copyright © João Paulo dos Reis Velloso, 2011

DIAGRAMAÇÃO DE MIOLO
Editoriarte

IMAGEM DA CAPA
The Meeting of Joachim and Anne at the Golden Gate, de Giotto di Bodone, c. 1304-6

IMAGEM DE QUARTA CAPA
A Ressurreição, de Tintoretto

CIP-BRASIL. CATALOGAÇÃO-NA-FONTE
SINDICATO NACIONAL DOS EDITORES DE LIVROS, RJ

V552c
Velloso, João Paulo dos Reis
Cristãos que se beijam e o Crepúsculo dos Deuses : cultura grega (Paideia), Império Romano e universalização do cristianismo / João Paulo dos Reis Velloso. — Rio de Janeiro : Civilização Brasileira, 2011.

ISBN 978-85-200-1062-4

1. Cristianismo. 2. Aliança (Teologia). 3. Cristianismo e outras religiões — Grega. 2. Cristianismo e outras religiões — Romana. I. Título.

11-2673
CDD: 230
CDU: 23

EDITORA AFILIADA

Todos os direitos reservados. Proibida a reprodução, armazenamento ou transmissão de partes deste livro, através de quaisquer meios, sem prévia autorização por escrito.

Texto revisado segundo o novo Acordo Ortográfico da Língua Portuguesa.

Direitos desta edição adquiridos pela
EDITORA CIVILIZAÇÃO BRASILEIRA
Um selo da
EDITORA JOSÉ OLYMPIO LTDA.
Rua Argentina 171 — 20921-380 — Rio de Janeiro, RJ —
Tel.: 2585-2000

Seja um leitor preferencial Record.
Cadastre-se e receba informações sobre nossos lançamentos e nossas promoções.

Atendimento e venda direta ao leitor:
mdireto@record.com.br ou (21) 2585-2002

Impresso no Brasil
2011

AO DEUS DA ESPERANÇA

A PEDRO, O PESCADOR
A PAULO, O TECELÃO

A PALAVRA*

"No princípio era a Palavra,
E a Palavra estava com Deus
E a Palavra era Deus.
No princípio Ela estava com Deus.
Tudo foi feito por meio Dela
E sem Ela nada foi feito.
O que foi feito Nela era a vida,
E a vida era a luz dos homens;
E a luz brilha nas trevas,
Mas as trevas não a apreenderam."

EVANGELHO DE JOÃO
PRÓLOGO

---

* Ou "O Verbo".

DEUS E OS HOMENS

"Contemplando estes céus que plasmastes,
e formastes com dedos de artista;
vendo a lua e estrelas brilharem,
perguntamos:
'Senhor, que é o homem, para dele assim
vos lembrardes.
e o tratardes com tanto carinho'?

'pouco abaixo de Deus o fizestes,
coroando-o de glória e esplendor
vós lhe destes poder sobre tudo,
vossas obras aos pés lhe pusestes.'"

SALMOS 8, 4-7

CRISTO E A ALEGRIA

"Eu vos digo isso para que a minha alegria esteja em vós e vossa alegria seja plena."

João 15,11

"A RESSURREIÇÃO, UMA PROMESSA CUMPRIDA"

"NÃO HOUVE TESTEMUNHAS HUMANAS DA RESSURREIÇÃO DE JESUS. E NÃO EXISTE UMA DESCRIÇÃO TEXTUAL DO QUE OCORREU ENQUANTO JESUS FOI SEPULTADO. ASSIM, ARTISTAS DA RENASCENÇA E DO PERÍODO BARROCO FORAM DEIXADOS À SUA PRÓPRIA IMAGINAÇÃO PARA INTERPRETAR O PERÍODO ENTRE O ENTERRO DE JESUS E SUA RESSURREIÇÃO COMO CRISTO.

"OS EVANGELHOS MENCIONAM QUE MARIA MADALENA E OUTRAS MULHERES VISITARAM SEU TÚMULO DIARIAMENTE E DEIXAVAM OFERENDAS DE TEMPEROS E ÓLEOS. ONDE AS QUATRO NARRATIVAS EVANGÉLICAS DIVERGEM UMA DA OUTRA É SOBRE QUE PESSOA (OU PESSOAS) NA VERDADE FAZ A DESCOBERTA DA PÁSCOA.

"JOÃO DIZ QUE MARIA MADALENA FAZ ISSO SOZINHA. LUCAS AFIRMA QUE JOANA E MARIA, MÃE DE TIAGO, ACOMPANHAM MARIA MADALENA, E MARCOS INCLUI A PRESENÇA DE SALOMÉ. ARTISTAS SE SENTIRAM LIVRES EM RELAÇÃO AO EVENTO, APRESENTANDO UMA VARIEDADE DE FIGURAS COMO PARTE DA DESCOBERTA.

"CRISTÃOS QUE SE BEIJAM" E O "CREPÚSCULO DOS DEUSES"

"DE QUALQUER FORMA, EXISTE ACORDO EM QUE, NO TERCEIRO DIA APÓS A MORTE DE JESUS, O TÚMULO ABERTO É DESCOBERTO POR, NO MÍNIMO, MARIA MADALENA, QUE TEME O PIOR — QUE O TÚMULO TENHA SIDO VIOLADO. DENTRO DO TÚMULO, UMA CONFUSA, PERTURBADA MARIA ENCONTRA UM SUDÁRIO VAZIO E UM OU DOIS ANJOS (OS TEXTOS DOS EVANGELHOS DIFEREM), QUE SÃO ÀS VEZES VISUALIZADOS NA ARTE RENASCENTISTA OU BARROCA COMO SOLDADOS OU GUARDAS.

"MARIA CHORA, PENSANDO QUE O CORPO DE JESUS FORA ROUBADO. OS ANJOS, QUE PODEMOS PRESUMIR SEJAM MENSAGEIROS DIVINOS OU SERVOS ENVIADOS PARA AJUDAR NA RESSURREIÇÃO OU DELA SER TESTEMUNHAS, DIZEM-LHE PARA NÃO PROCURAR OS VIVOS ENTRE OS MORTOS E LHE INFORMAM QUE O FILHO DO HOMEM FOI CRUCIFICADO, MORTO E AGORA RESSURGIU, TAL COMO JESUS HAVIA PREGADO NA GALILEIA.

ABORDADA PELO CRISTO RESSUSCITADO, QUE A ADVERTE PARA NÃO TOCÁ-LO, DIZENDO *"NOLI ME TANGERE"*, MARIA RECEBE A COMUNICAÇÃO DE QUE A SUA PROMESSA DE RESSURGIR DOS MORTOS FOI CUMPRIDA E QUE ELA DEVE IR, E DAR CONHECIMENTO AOS DISCÍPULOS. JESUS EXPLICA QUE A RAZÃO PELA QUAL ELA NÃO PODE TOCÁ-LO É QUE ELE AINDA NÃO HAVIA ASCENDIDO AO PAI (JOÃO, 20:17).

"MARIA MADALENA DISSEMINA A NOTÍCIA E TEM UMA VARIEDADE DE REAÇÕES DA PARTE DOS DISCÍPULOS, ATÉ ELES VEREM E OUVIREM ELES PRÓPRIOS QUE JESUS RESSUSCITOU. A TAREFA DA RESSURREIÇÃO DE JESUS NÃO ESTARÁ COMPLETA ENQUANTO OS DISCÚPULOS NÃO O RECONHECEREM — ELES AINDA NECESSITAM DE PROVA E CONFIRMAÇÃO DE SEU REERGUIMENTO EM OR-

DEM DE ADQUIRIR FÉ NAS LIÇÕES QUE ELE HAVIA ENSINADO E NAS PROFECIAS QUE HAVIA FEITO.

"APÓS TEREM VISTO AS MARCAS DE SUAS FERIDAS DA CRUCIFICAÇÃO — ELES ACREDITAM. ENTÃO, OS ONZE REMANESCENTES (JUDAS HAVIA MORRIDO) COMPELEM O JESUS CRISTO RESSUSCITADO A DIVIDIR UMA REFEIÇÃO COM ELES. ASSIM, TAL COMO HAVIAM ESTADO JUNTOS NA "ÚLTIMA CEIA", OS DISCÍPULOS NOVAMENTE JANTAM COM CRISTO, QUE LHES DÁ A PRIMEIRA COMUNHÃO."

ERIKA SWANSON GEISS,
THE PASSION OF CHRIST. [*]

---

[*] *Publications International*, Lincolnwood, Illinois, EUA.

JESUS AOS DISCÍPULOS, ANTES DA ASCENSÃO

"...Recebereis uma força, a do Espírito Santo, que descerá sobre vós, e sereis minhas testemunhas, em Jerusalém, em toda a Judeia e a Samaria, e até os confins da terra."

Sumário

A Ressurreição: Uma Promessa Cumprida   *10*

INTRODUÇÃO
A Virgem Indaga   *27*

PRÓLOGO
Principais fatores da universalização do Cristianismo
   ("No princípio, houve um homem, Jesus")   *33*

PARTE I
Raízes judaicas do Cristianismo e interação entre "Antiga
   Aliança" e "Nova Aliança": ação do Espírito Santo e
   Cristianismo emergente ("o Caminho")   *37*

Raízes judaicas do Cristianismo: "Antiga Aliança" e "Nova
   Aliança"   *39*
"ANTIGA ALIANÇA" COMO PRENÚNCIO DA "NOVA E ETERNA ALIANÇA"   *41*
   Antiga Aliança — Abraão   *41*
   *Paulo: Abraão, pai dos gentios, assim como dos judeus ("Só
      por Cristo podemos ser salvos")*   *42*

ANTIGA ALIANÇA — MOISÉS   44

Os mandamentos (Decálogo)   44

Conclusão da aliança. E o seu sangue.   45

A INTERAÇÃO (ANTIGA E NOVA ALIANÇA): PROFECIAS DE ISAÍAS   47

"Deus é um grande caçador": inspiração do Espírito Santo (fortaleza eterna) e emergência do Cristianismo   51

"A SALVAÇÃO VEM DOS JUDEUS": OBSCURA NOTÍCIA QUE IRIA ABALAR O IMPÉRIO   53

O Novo Testamento se alimenta do velho testamento   53

Pentecostes e a Diáspora   54

Pedro e o Espírito   56

"Deus é um grande caçador"("Meu único companheiro")   61

PARTE II

A comunidade cristã (igreja). Complexidade do Cristianismo emergente — helenistas e judeus. Mas "cristãos que se beijam". E as perseguições   63

OS APÓSTOLOS E A IGREJA DE JERUSALÉM. COMEÇAM AS PERSEGUIÇÕES   65

Pedro diante do Sinédrio   67

A comunidade, helenistas e judeus   67

CRISTIANISMO EMERGENTE: "KISSING CHRISTIANS" (CRISTÃOS QUE SE BEIJAM)   69

ESTÊVÃO E SUA PAIXÃO. E SAULO   73

CEGO, NA ESTRADA DE DAMASCO, E "O CAMINHO" SE TRANSFORMA EM CRISTIANISMO   77

CEGO, NA ESTRADA DE DAMASCO — A MISSÃO   79

Os Pogroms (perseguições) contra seguidores de Cristo em Jerusalém   79

"CRISTÃOS QUE SE BEIJAM" E O "CREPÚSCULO DOS DEUSES"

Saulo, Paulo, o judeu da Diáspora (helenista)   80
Cego, na estrada de Damasco   81
Paulo: a antiga e a nova aliança   82
PEDRO E OS GENTIOS: A VISÃO   85
Cornélio e a visão   85
Visão de Pedro   86
Pedro e Cornélio   88

PARTE III
Interação entre Cristianismo emergente e Paideia (cultura)
grega   91
O MEDITERRÂNEO E O MUNDO GREGO   93
"O mediterrâneo é um milagre": berço de civilizações   93
O mundo grego   94
"Black Athena" — as afroasiáticas raízes da Civilização
Clássica*   95
A identidade pan-helênica e as olimpíadas   95
"PAIDEIA" — A FORMAÇÃO DO HOMEM GREGO**. E A EXPLOSÃO GREGA   97
Paideia — os gregos e seu ideal de humanidade   97
CRISTIANISMO EMERGENTE E PAIDEIA GREGA   100
PAIDEIA DE CRISTO   102
Cristianismo e a Paideia de Cristo   104

PARTE IV
A universalização do Cristianismo (I) — Odisseia de
Paulo   107

* De Martin Bernal, 3 volumes, Rutgers University Press, Nova Jersey,
EUA, 1987.
** Ver Werner Jaeger, "PAIDEIA — A formação do homem grego", Mar-
tius Fontes, São Paulo, 2010.

INTRODUÇÃO

Paulo — o apóstolo, o missionário e, principalmente,
o "Homem de Deus" *109*

Odisseia de Paulo: Primeira missão (Chipre e Ásia
Menor) *113*

À CONQUISTA DO NOVO MUNDO. MISSÃO EM CHIPRE: SALAMINA E
PAFOS *117*

MISSÃO À ÁSIA MENOR: NA REGIÃO DOS GÁLATAS *120*

Paulo em Antioquia (da Psídia) 120

A universalidade do Cristianismo: O Concílio de
Jerusalém *125*

*Antecendentes: Tiago ("o menor") e a Igreja de
Jerusalém 127*

Evangelho de Paulo 129

O Concílio de Jerusalém 130

O ENIGMA DE ANTIOQUIA E A QUESTÃO JUDEU-GENTIO: PEDRO E
PAULO *135*

Odisseia de Paulo: Segunda missão — O Cristianismo chega à
Europa: Macedônia e Grécia *139*

PAULO NA MACEDÔNIA: FILIPOS *141*

Evangelho na Europa — pelas mãos de mulheres 141

Paulo, cidadão romano 147

*"Nenhuma comunidade foi tão amada por Paulo como a de
Filipos": uma comunidade no céu 148*

O MESSIAS DIANTE DAS DUAS FACES DE TESSALÔNICA *150*

Paulo e as duas faces de Tessalônica 150

"CRISTÃOS QUE SE BEIJAM" E O "CREPÚSCULO DOS DEUSES"

Paulo e os Tessalonicenses 152

GRÉCIA: INTERLÚDIO EM ATENAS — O "DEUS DESCONHECIDO" *154*

A Atenas que Paulo conheceu 154

Paulo e o "Deus desconhecido" 155

Legado de Atenas, através de sua geografia 157

Sócrates, Platão, Aristóteles, Paulo — em busca da verdade universal (católica) 157

PAULO NO AREÓPAGO, E O "DEUS DESCONHECIDO" *161*

MISSÃO DIFERENTE: PAULO EM CORINTO — FUNDAÇÃO DA IGREJA E OLHAR PARA O OCIDENTE (ROMA) *166*

Corinto — posição estratégica e grande centro comercial 166

Priscila (Prisca) e Áquila: sede da igreja e olhar para o ocidente 167

Quase sempre aos domingos: Paulo batiza em Corinto 169

Composição diversificada da comunidade — mas prevaleciam os "humilhados e ofendidos" 169

Paulo e a sinagoga: "sacudiu sobre a assistência o pó das suas roupas" 171

Paulo e o Procônsul Júnio Galião 172

Odisseia de Paulo: terceira missão — Cristianismo na Ásia Menor — as sete igrejas *175*

ÉFESO — GRANDE CENTRO COMERCIAL, BERÇO DA FILOSOFIA OCIDENTAL E CIDADE SANTA DA ANTIGUIDADE *177*

Éfeso — centro de gravidade da terceira missão 177

Apolo e os pré-cristãos 179

Fundação da igreja de Éfeso. As sete igrejas da Ásia 180

Os exorcistas judeus e o auto-de-fé ("as alturas de Deus e as profundezas do Tentador") 182

"Grande é a Artêmis dos efésios" 183

O *"prisioneiro de Cristo"* 187

A universalização do Cristianismo (II) — Odisseia de Pedro: da negação de Cristo a líder e mártir 191

Odisseia de Pedro: Primeira missão: a trajetória de Pedro — "humano, demasiadamente humano" 195

CRISTO E PEDRO — OS TRÊS MOMENTOS 197

"E vós, quem dizeis que sou?" 197

Negações de Pedro: "Não conheço este homem" 198

Depois da ressurreição: "Pedro, tu me amas?" (Filéo e Agapáo) 199

A transfiguração de Pedro: Pentecostes e a vinda do Espírito 200

Pedro e os gentios: a conversão 201

Concílio de Jerusalém: Pedro e Paulo — uma só "via" 202

O poder do Espírito Santo 202

ODISSEIA DE PEDRO — DE JERUSALÉM A ROMA 204

Pedro e a perseguição de Herodes Agripa (Jerusalém) 204

PARTE V

Cristo e César — Cristianismo e Império Romano 207

Visões de um homem morto: Fundação de Roma e nascimento do Cristianismo 209

"VISÃO DE UM HOMEM MORTO": NASCIMENTO DE ROMA *211*

"Visão de um homem morto": o berço do Cristianismo 216

"Livro dos reis" em Roma 223

"CRISTÃOS QUE SE BEIJAM" E O "CREPÚSCULO DOS DEUSES"

ROMA — EVOLUÇÃO URBANA E BREVE HISTÓRIA DOS REIS   *225*

*A "constituição" original de Roma — privada
e pública   226*

A República Romana   *229*

ROMA E A REPÚBLICA   *231*

A "constituição" da República Romana   231

A República Imperial: Roma como poder mediterrâneo   234

Declínio e queda da República Romana   236

A VERDADEIRA HISTÓRIA DE *SPARTACUS*   *245*

"Ele era um trácio (thracian) que não era trácio"   245

Primeiro momento: condenado à "Villa Batiatus"   246

*Segundo: Spartacus no monte Vesúvio e a formação de um
exército   248*

Terceiro: "Terá que ser a Sicília"   251

*Quarto: Crassus — O Exterminador e "favorito da
fortuna"   254*

Quinto: o cerco de Spartacus   258

Sexto: Crassus e a Crucificação   259

Otávio Augusto e o império romano   *265*

A *PAX* ROMANA E A REVOLUÇÃO DA CRUZ   *267*

A ERA DE AUGUSTO   *269*

Ascensão e reformas de Augusto   269

SIGNIFICADO DE ROMA   *271*

Divinização de Roma e Augusto   271

Legado de Roma   273

*Alguns pontos a destacar sobre a herança que nos deixou
Roma   273*

PARTE VI

Roma e a Revolução da Cruz   275

A Cruz no Império   277

OS PILARES DA CIVILIZAÇÃO DO IMPÉRIO: FRAQUEZA E FORÇA   279

A Igreja dos apóstolos chega a Roma   283

A EXPANSÃO DA IGREJA EMERGENTE   285

A mensagem de todas as nações   285

Prisioneiros de Cristo: o martírio de Pedro e Paulo   286

Primeiras ondas de perseguições. E o martírio como
   testemunho   289

OS ELEMENTOS "REVOLUCIONÁRIOS" DA CRUZ DE CRISTO   291

MÁRTIRES (TESTEMUNHAS) DOS PRIMEIROS TEMPOS   292

Os cristãos nos jardins de Nero   292

Segunda onda: Domiciano   293

TRAJANO E A POLÍTICA DOS ANTONINOS EM RELAÇÃO AO CRISTIANISMO

("NADA QUE É HUMANO ME É ESTRANHO")   296

Uma história de amor: Cecília   298

O entendimento das causas básicas das perseguições   301

A Cruz no tempo das catacumbas (e da convivência com
   a sociedade pagã)   303

Por que catacumbas?   305

Catacumbas e início da arte cristã   306

O Cristianismo da época das catacumbas   307

Característica maior da Igreja   308

ESCOLHA: O CÂNONE (NOVO TESTAMENTO — O LIVRO DA "NOVA
   ALIANÇA")   309

"CRISTÃOS QUE SE BEIJAM" E O "CREPÚSCULO DOS DEUSES"

PARTE VII

"Um mundo que nasce, um mundo que vai morrer" *311*

"Um mundo que vai morrer" *313*

O MUNDO QUE VAI MORRER: O IMPÉRIO E SUA CRISE NO SÉCULO III   *315*

Crise do império: "O Crepúsculo dos deuses" *315*

"Crepúsculo dos deuses": declínio do mundo romano e de sua
cultura *317*

A MAIOR DAS PERSEGUIÇÕES — DIOCLECIANO: DIFICULDADE DE
INTERPRETAÇÃO *319*

O Palácio-cidade às margens do Adriático *319*

A grande perseguição — dificuldade de interpretar *320*

Sebastião — legionário romano e mártir *323*

"Um mundo que nasce" *325*

INTRODUÇÃO *327*

MENSAGEM DE CRISTO: "O SERMÃO DA MONTANHA" *330*

MENSAGEM DE PEDRO *332*

A esperança cristã *333*

"Amai-vos, pois haveis renascido" *333*

"Cristo é a pedra angular" ("Eis que ponho em Sião uma
pedra angular") *334*

"Comportai-vos como homens livres" *334*

Casamento cristão *335*

"Deveres recíprocos dos fiéis" *336*

"O exemplo de Cristo" *336*

"A liberalidade de Deus — para que vos tornásseis
participantes da natureza divina" *337*

SÍNTESE DA MENSAGEM DE PAULO *339*

MENSAGEM DE PAULO   342

  Alcançado por Cristo   342

  Filhos de Deus, graças ao Espírito   343

  Hino ao amor de Deus   343

  O corpo místico de Cristo   344

  Caridade para com todos os homens, mesmo para com os
    inimigos   345

  Sabedoria do mundo e sabedoria cristã ("A sabedoria da cruz
    é loucura")   346

  Correr para ganhar   347

  Diversidade e unidade dos carismas   348

  O corpo de Cristo ("Os membros são muitos, mas o corpo
    é um só")   349

  "Morte, onde está tua vitória?"   352

  Templo do Deus vivo   352

  Cristo vive em mim   353

  Sois um só em Cristo Jesus   353

  Já não és escravo, mas filho   354

  A liberdade cristã   354

  Liberdade e amor   354

  Judeus e gentios — um só espírito   356

  Apelo à unidade e ao amor ("Eu, prisioneiro no Senhor")   357

  Unidade na humildade   358

  Vida cristã   360

  Combati o bom combate   360

"Revelações" de João (O Apocalipse)   363

IMPORTÂNCIA E MENSAGENS ÀS IGREJAS   365

  Importância e atualidade   365

"CRISTÃOS QUE SE BEIJAM" E O "CREPÚSCULO DOS DEUSES"

O contexto 366

Introdução 367

Mensagens especiais às igrejas da Ásia 367

MENSAGENS GERAIS AOS CRISTÃOS 369

Sala do trono — o livro fechado e os sete selos 369

O livrinho aberto 372

A MULHER E O DRAGÃO 374

O CASTIGO DE BABILÔNIA 376

A JERUSALÉM CELESTE 378

CONCLUSÃO: AS REVELAÇÕES SOBRE O "LIVRO DAS REVELAÇÕES" 381

PARTE VIII

A Era de Constantino — e a revolução da Cruz 383

A grande questão: por que Constantino deu liberdade de culto aos cristãos? 387

Questão: Como interpretar Constantino, pessoalmente? 393

Questão: Que dizer de Constantino, O Imperador? 399

VISÃO DE SÍNTESE 401

CONSTANTINO E O CONCÍLIO DE NICAEA (325 D.C.) 403

EPÍLOGO

Visão atual: o indispensável Cristianismo

Como o Cristianismo, assimilando a Civilização Grega, a Civilização Romana (E elementos dos "bárbaros" e do Islã clássico), numa grande interação, foi essencial para formar nossa Civilização Ocidental 405

VISÃO GERAL DA INTERAÇÃO ENTRE CRISTIANISMO E AS DIVERSAS CIVILIZAÇÕES 407

JOÃO PAULO DOS REIS VELLOSO

DIMENSÕES A SALIENTAR NA INTERAÇÃO DE FATORES BÁSICOS DA CULTURA
ATUAL *409*

REFLEXÃO FINAL:

Visões e imagens *413*

CÂNTICO DOS CÂNTICOS (EPÍLOGO) *415*

A VIRGEM E O CORÃO (*THE QUR'AN*) *417*

A *DIVINA COMÉDIA: PARAÍSO* (CANTO XXXI) *419*

ORAÇÃO DE UM MONGE BENEDITINO *425*

"A GRAÇA DAS GRANDES COISAS" *426*

EPÍLOGO

O Cristianismo e a alegria *427*

INTRODUÇÃO:
A Virgem indaga

MEMORIAL: PERGUNTAS QUE SE FAZ A VIRGEM,
EM NOSSOS DIAS

I. NAQUELE TEMPO, JESUS DEU SINAIS (MILAGRES) DA PRE-
SENÇA DE DEUS NO MUNDO. PARECE QUE OS HOMENS
PRECISAVAM DE DEUS DE FORMA VISÍVEL, E POR ISSO
ACONTECEU A "NOVA E ETERNA ALIANÇA".

II. AS PRIMEIRAS TESTEMUNHAS — OS APÓSTOLOS, LIDERA-
DOS POR PEDRO (E PAULO), CONTINUARAM DANDO SINAIS.
FAZIAM MUITOS MILAGRES. PEDRO E PAULO SEGUIRAM CA-
MINHOS DIFERENTES? QUAL ERA O MELHOR CAMINHO?

III. DEPOIS, AO LONGO DOS SÉCULOS, OS SINAIS ESCASSEA-
RAM. SIGNIFICA QUE AGORA DEUS É QUE PRECISA DOS HO-
MENS, PARA QUE O REINO DE DEUS CONTINUE A EXISTIR
NA TERRA — E A ALIANÇA CONTINUE? HOUVE SEMPRE
TESTEMUNHAS?

IV. PEDRO, O PRIMEIRO PAPA, ERA UM HOMEM SIMPLES. DEPOIS,
EM CERTAS ÉPOCAS, O PAPA E A IGREJA FICARAM RICOS.
HOUVE PAPAS QUE FIZERAM GUERRAS, QUE QUISERAM O PO-

DER TEMPORAL (E O CONSEGUIRAM). COMO SE EXPLICA ISSO? DEIXARAM DE SER PAPAS — OU SEJA, NÃO SÃO CONTINUADORES DA PREGAÇÃO E DO TESTEMUNHO DE PEDRO?

V. EM NOME DE DEUS, HOUVE CRUZADAS CONTRA OS MOUROS, COM SAQUES E VIOLAÇÃO DE MULHERES. HOUVE GUERRAS RELIGIOSAS, ENTRE CATÓLICOS E PROTESTANTES. A IGREJA MANTEVE, DURANTE SÉCULOS, A INQUISIÇÃO, E, POR SUA CONDENAÇÃO DOS HERÉTICOS, FORAM ELES LEVADOS À FOGUEIRA. TUDO ISSO EM NOME DE DEUS?

VI. NO SÉCULO XX, CRISTÃOS AJUDARAM OS TOTALITARISMOS A FLORESCER — NAZISMO, COMUNISMO. E DEPOIS, QUANDO VIRAM O QUE TINHA ACONTECIDO, FREQUENTEMENTE SE ACOMODARAM. NÃO QUERIAM SER MÁRTIRES. OU QUERIAM CONTINUAR VIVENDO NORMALMENTE, NO MEIO DO INCÊNDIO?

VII. DEPOIS DO QUE CHAMAM DE REVOLUÇÃO INDUSTRIAL, A PRODUÇÃO DE BENS E SERVIÇOS PASSOU A ACONTECER EM LARGA ESCALA, E ATÉ EM MASSA. A DE ALIMENTOS TAMBÉM. OS CRISTÃOS PASSARAM A CONSUMIR MUITO, TORNARAM-SE, FREQUENTEMENTE, ADEPTOS DO CONSUMISMO MODERNO (NA MAIORIA, BENS SUPÉRFLUOS). ATÉ BOA PARTE DAS CLASSES DE RENDA BAIXA ADERIU AO CONSUMISMO MODERNO.

VIII. ENQUANTO ISSO, CONTINUA HAVENDO GRANDE CONTINGENTE DE POBRES, QUE NÃO TÊM RENDA PARA ATENDER ÀS SUAS NECESSIDADES BÁSICAS. CRIARAM-SE ATÉ, EM INÚMEROS PAÍSES, OS GUETOS MODERNOS — AS FAVELAS —, ONDE AS COMUNIDADES NÃO DISPÕEM DE PROTEÇÃO, NEM DAS

POLÍTICAS SOCIAIS DO ESTADO. ALÉM DISSO, TÊM FOME E SEDE DE APRENDER, DE SEREM INCLUÍDAS. EU TAMBÉM GOSTO DE APRENDER, E GOSTO DE PERTENCER A UMA COMUNIDADE, COMO FAZEMOS EM NAZARÉ.

IX. É ESSE UM MUNDO CRISTÃO?

X. O CRISTIANISMO, NO TEMPO ATUAL, É CRISTÃO? VERDADEIRAMENTE CRISTÃO? A "ALIANÇA" CONTINUA, OS PASTORES (PAPAS, BISPOS, PADRES) SÃO BONS PASTORES? E O POVO DE DEUS OUVE, REALMENTE, A PREGAÇÃO DE JESUS?

XI. SERÁ QUE O SACRIFÍCIO DE JESUS — O CRISTO, MEU FILHO E MEU DEUS, NÃO SERVIU PARA MUITA COISA? É PRECISO QUE ELE SEJA CRUCIFICADO NOVAMENTE? OU MORRA DE OUTRA FORMA — NA CÂMARA DE GÁS, OU BALEADO POR NARCOTRAFICANTES, OU — O QUE É PIOR —, DEIXADO DE LADO PELA NOSSA INDIFERENÇA, PELA NOSSA PROCURA DE BENS E SENSAÇÕES MATERIAIS, PARA SACIAR NOSSA FOME E SEDE DE POSSUIR?

ESSAS E OUTRAS QUESTÕES
EU, MARIA, ME COLOCO.
E VOU PROCURAR RESPOSTA

PRÓLOGO:
Principais fatores da universalização do Cristianismo ("No princípio houve um homem, Jesus")

SE QUEREMOS ENTENDER A COMPLEXIDADE DA UNIVERSALIZAÇÃO DO CRISTIANISMO, ATÉ A ERA DE CONSTANTINO (CONCÍLIO DE NICEIA, 325 D.C.), É ESSENCIAL IDENTIFICAR OS SEUS PRINCIPAIS FATORES.

PRIMEIRO, AS RAÍZES JUDAICAS DO CRISTIANISMO, OU MELHOR, A INTERAÇÃO ENTRE A "ANTIGA ALIANÇA" (ABRAÃO, MOISÉS) E A "NOVA ALIANÇA" (JESUS CRISTO, NA ÚLTIMA CEIA). DESSA INTERAÇÃO NASCE O CRISTIANISMO EMERGENTE ("O CAMINHO").

SEGUNDO, A EMERGÊNCIA DAS PRIMEIRAS COMUNIDADES CRISTÃS (IGREJAS), SOB A LIDERANÇA DOS APÓSTOLOS, EM JERUSALÉM, NA JUDEIA, SAMARIA, GALILEIA, E, AO MESMO TEMPO, EM ANTIOQUIA E TODO O MUNDO ROMANO DE RAÍZES HELENISTAS (GREGAS). E A DISCUSSÃO DO "CAMINHO" A SEGUIR.

TERCEIRO, A INTERAÇÃO ENTRE CRISTIANISMO EMERGENTE E A PAIDEIA (CULTURA) GREGA.

QUARTO, A INTERAÇÃO ENTRE OS PRIMEIROS CRISTÃOS E O IMPÉRIO ROMANO — O CRISTIANISMO DOS APÓSTOLOS, DAS CATACUMBAS E DOS MÁRTIRES.

VEJAMOS, EM SEGUIDA, AS CARACTERÍSTICAS, EVOLUÇÃO E IMPORTÂNCIA DE CADA UM DESSES FATORES.

No primeiro livro do "Memorial da Virgem", destacamos que os homens precisavam de Deus. Jesus Cristo, filho de Deus, atuava diretamente, trazendo a "boa nova" e fazendo sinais (milagres).

Neste livro, seus apóstolos (e o novo apóstolo, Paulo) criam igrejas (comunidades) e fazem, ainda, milagres. Deus e os homens levam a todo o mundo romano a "boa nova".

No terceiro (e último), será diferente. Por isso, iremos dizer: "Deus precisa dos homens." No sentido, apenas, de que os milagres são raros. São homens comuns que levam a "boa nova". Sem embargo, claro, de que sem Deus os homens não chegam a lugar nenhum.

PARTE I

Raízes judaicas do Cristianismo e interação entre "Antiga Aliança" e "Nova Aliança": ação do Espírito Santo e Cristianismo emergente ("o Caminho")

Raízes judaicas do Cristianismo: "Antiga Aliança" e "Nova Aliança"

"ANTIGA ALIANÇA" COMO PRENÚNCIO DA "NOVA E ETERNA ALIANÇA"

Antiga aliança — Abraão

Segundo o livro do Gênese, Abraão foi para a Terra de Canaã, levando consigo Lot. Lá, Abraão se estabeleceu e Lot foi para as cidades da Planície.

Tempos depois, o Senhor disse a Abraão essas palavras, numa visão:

"Não temas, Abraão. Eu sou o teu escudo, tua recompensa será muito grande."

Abraão respondeu: "Meu Senhor Iahweh, que me darás? Continuo sem filho...."

Iahweh o conduziu para fora e disse: "Ergue os olhos para o céu e conta as estrelas, se as podes contar. Assim será a tua posteridade."

Abraão creu em Iahweh, e isso lhe foi tido em conta de Justiça.

Quando o sol se pôs e estenderam-se as trevas, eis que uma fogueira fumegante e uma tocha de fogo passaram entre os animais divididos.

Naquele dia, Iahweh estabeleceu uma Aliança com Abraão...

Paulo: Abraão, pai dos gentios, assim como dos judeus ("Só por Cristo podemos ser salvos").

"Agora porém, independentemente da Lei está manifestada a Justiça de Deus, testificada pela Lei e pelos Profetas, justiça de Deus mediante a fé em Jesus Cristo, para todos os crentes, pois não há distinção.

"Todos pecaram e estão privados da Glória de Deus, sendo justificados gratuitamente pela sua graça, por meio da Redenção, realizada em Jesus Cristo: Deus o expôs como vítima de propiciação pelo seu próprio sangue, mediante a fé, a fim de manifestar a sua Justiça no tempo presente, de maneira a ser reconhecido justo e para justificar aquele que tem fé em Jesus Cristo.

"Onde está, pois, o motivo para alguém se gloriar? Ficou excluído. E por que Lei? Pela das Obras? Não, pela Lei da Fé. Porquanto julgamos que o homem é justificado pela Fé, sem a prática da Lei.

"Porventura, Deus só o é dos judeus? Não o é também dos gentios? Sim, também dos gentios, pois há um só Deus, que justificará pela Fé os circuncisos e que também pela Fé justificará os incircuncisos. Anulamos, pois, a Lei com a Fé? De modo algum. Antes, a confirmamos.

"Que diremos, pois, ter obtido Abraão, nosso Pai, segundo a carne? É que, se Abraão foi justificado pelas obras, tem de que se gloriar; não, porém, diante de Deus.

Que diz a Escritura? "Abraão creu em Deus e isso foi-lhe tido em conta de Justiça."

"Ora, ao que trabalha, não se lhe atribui o salário como dom gratuito; é coisa devida. Ao que não trabalha, mas crê naquele que justifica o ímpio, atribui-se-lhe a Fé à conta de Justiça. Assim também David proclama feliz o homem a quem Deus atribui Justiça independentemente das obras:

"Felizes aqueles cujos delitos foram perdoados
e cujos pecados foram cobertos.

"Feliz do homem a quem o Senhor
não atribui nenhum pecado."

"Ora, essa bem-aventurança é só para os circuncisos, ou também para os incircuncisos? Pois nós dizemos que a Abraão se atribui a Fé à conta de Justiça. Como foi então atribuída? Sendo ele circunciso, ou incircunciso? Não foi depois da circuncisão, mas antes dela. E recebeu o sinal da circuncisão como selo da Justiça da Fé, antes da circuncisão, a fim de que fosse Pai de todos os Crentes, incircuncisos, para que também a eles a Fé lhes seja atribuída à conta de Justiça, e seja o Pais dos circuncisos, aqueles que não têm somente a circuncisão, mas, além disso, seguem as pegadas da Fé, que possuía nosso Pai Abraão antes de ser circuncidado."

(ROMANOS: 1-25)

ANTIGA ALIANÇA — MOISÉS

Os Mandamentos (Decálogo)

No terceiro dia depois da saída do Egito, os israelitas chegaram ao Deserto do Sinai.

Então Moisés subiu a Deus. E da montanha Iahweh lhe disse: "Assim dirás à casa de Jacó e declararás aos Israelitas: "Se ouvirdes a minha voz e guardardes a minha Aliança, sereis para mim um povo peculiar entre todos os povos."

Ao amanhecer, desde cedo, houve trovões, relâmpagos e uma espessa nuvem sobre a montanha e um clamor muito forte de trombeta. Moisés fez o povo sair do acampamento e seguir ao encontro de Deus, ao pé da montanha.

Deus pronunciou todas estas palavras, dizendo: "Eu sou Iahweh teu Deus, que te fez sair da Terra do Egito, da casa da escravidão."

Em seguida, os dez mandamentos:

"Não terás outros deuses diante de mim."

"Não pronunciarás em falso o nome de Iahweh teu Deus, porque Iahweh não deixará impune aquele que pronunciar em vão o seu nome."

"Lembra-te do dia de sábado, para santificá-lo. Trabalharás durante seis dias, e farás toda a tua obra. O sétimo dia, porém, é o sábado de Iahweh teu Deus."

"Honra teu pai e tua mãe, para que se prolonguem os teus dias na terra que Iahweh teu Deus te dá."

"Não matarás."

"Não cometerás adultério."

"Não roubarás."

"Não apresentarás um testemunho mentiroso contra o teu próximo."

"Não cobiçarás a casa do teu próximo, não cobiçarás a mulher do teu próximo, nem coisa alguma que pertença ao teu próximo".

O povo ficou longe, e Moisés aproximou-se da nuvem escura, onde Deus estava.

Conclusão da aliança. *E o seu sangue.*

Iahweh disse a Moisés: "Sobe a mim na montanha e fica lá. Dar-te-ei tábuas de pedra — a Lei e os Mandamentos — que escrevi para ensinares a eles."

Moisés escreveu todas as palavras de Iahweh. E, levantando-se de manhã, construiu um altar ao pé da montanha, e ergueu doze pedras para as doze tribos de Israel.

Depois enviou alguns jovens dos israelitas, e ofereceram holocaustos e imolaram a Iahweh novilhos como sacrifícios de Comunhão. Moisés tomou metade do sangue e colocou-a em bacias, e espargiu a outra metade sobre o altar.

Tomou o livro da Aliança e leu para o povo e eles disseram: "Tudo que Iahweh falou, nós o faremos e obedeceremos."

Moisés tomou do sangue e o aspergiu sobre o povo, e disse: "Este é o sangue da aliança que Iahweh fez convosco através de todas essas palavras."

A INTERAÇÃO (ANTIGA E NOVA ALIANÇA): PROFECIAS DE ISAÍAS

O LIVRO DO EMANUEL

"ENTÃO DISSE ELE (ISAÍAS, A AGAZ):
OUVI VÓS, CASA DE DAVI.
PARECE-VOS POUCO O FATIGARDES OS HOMENS,
E QUEREIS FATIGAR TAMBÉM A MEU DEUS?
POIS SABEI QUE O SENHOR MESMO VOS DARÁ UM SINAL
EIS QUE A VIRGEM ESTÁ GRÁVIDA
E DARÁ À LUZ UM FILHO
E DAR-LHE-Á O NOME EMANUEL (DEUS CONOSCO).
ELE SE ALIMENTARÁ DE COALHADA E MEL,
ATÉ QUE SAIBA REJEITAR O MAL E ESCOLHER O BEM."

O PRECURSOR: A VOZ QUE CLAMA NO DESERTO

"UMA VOZ CLAMA: "NO DESERTO, ABRI
UM CAMINHO PARA IAHWEH.

NA ESTEPE, APLAINAI
UMA VEREDA PARA O NOSSO DEUS.

SEJA ENTULHADO TODO VALE,
TODO MONTE E TODA COLINA SEJAM NIVELADOS;
TRANSFORMEM-SE OS LUGARES ESCARPADOS EM PLANÍCIE;
E AS ELEVAÇÕES, EM LARGOS VALES.
ENTÃO, A GLÓRIA DE IAHWEH HÁ DE REVELAR-SE
E TODA CARNE, DE UMA SÓ VEZ, O VERÁ,
POIS A BOCA DE IAHWEH O AFIRMOU."

....

COMO O PASTOR, ELE APASCENTA O SEU REBANHO,
COM O BRAÇO REÚNE OS CORDEIROS;
CARREGA-OS NO REGAÇO,
CONDUZ CARINHOSAMENTE AS OVELHAS QUE AMAMENTAM."

O MESSIAS, DESCENDENTE DE DAVI

"UM RAMO SAIRÁ DO TRONCO DE JESSÉ (PAI DE DAVI),
UM REBANHO BROTARÁ DE SUAS RAÍZES.
SOBRE ELE REPOUSARÁ O ESPÍRITO DE IAHWEH,
ESPÍRITO DE SABEDORIA E DE INTELIGÊNCIA,
ESPÍRITO DE CONSELHO E DE FORTALEZA,
ESPÍRITO DE CONHECIMENTO E DE TEMOR DE IAHWEH:
NO TEMOR DE IAHWEH ESTARÁ A SUA INSPIRAÇÃO.
ELE NÃO DARÁ SENTENÇA APENAS POR OUVIR DIZER.
ANTES, JULGARÁ OS FRACOS COM JUSTIÇA,
COM EQUIDADE, PRONUNCIARÁ SENTENÇA EM FAVOR DOS PO-
BRES DA TERRA.

ELE FERIRÁ A TERRA COM O BASTÃO DE SUA BOCA,

E COM O SOPRO DOS SEUS LÁBIOS MATARÁ O ÍMPIO.

A JUSTIÇA SERÁ O CINTO DOS SEUS LOMBOS,

E A FIDELIDADE, O CINTO DOS SEUS RINS.

ENTÃO, O LOBO MORARÁ COM O CORDEIRO,

E O LEOPARDO SE DEITARÁ COM O CABRITO."

POEMA DA PAIXÃO

"QUEM CREU NAQUILO QUE OUVIMOS,

E A QUEM SE REVELOU O BRAÇO DE IAHWEH?

ELE CRESCEU DIANTE DELE COMO RENOVO,

COMO RAIZ EM TERRA ÁRIDA;

NÃO TINHA BELEZA NEM ESPLENDOR QUE PUDESSE ATRAIR O

NOSSO OLHAR.

NEM FORMOSURA CAPAZ DE NOS DELEITAR.

ERA DESPREZADO E ABANDONADO PELOS HOMENS,

HOMEM SUJEITO À DOR, FAMILIARIZADO COM O SOFRIMENTO,

COMO PESSOA DE QUEM TODOS ESCONDEM O ROSTO;

DESPREZADO, NÃO FARÍAMOS CASO NENHUM DELE.

E, NO ENTANTO, ERAM NOSSOS SOFRIMENTOS QUE ELE LEVAVA

SOBRE SI;

NOSSAS DORES QUE ELE CARREGAVA.

MAS NÓS O TÍNHAMOS COMO VÍTIMA DO CASTIGO,

FERIDO POR DEUS E HUMILHADO.

MAS ELE FOI TRESPASSADO POR CAUSA DE NOSSAS TRANSGRESSÕES,

ESMAGADO POR CAUSA DE NOSSAS INIQUIDADES.

O CASTIGO QUE HAVIA DE TRAZER-NOS A PAZ CAIU SOBRE ELE,

SIM, POR SUAS FERIDAS FOMOS CURADOS.

TODOS NÓS, COMO OVELHAS, ANDÁVAMOS ERRANTES,

SEGUINDO CADA UM O SEU PRÓPRIO CAMINHO,

MAS IAHWEH FEZ CAIR SOBRE ELE

A INIQUIDADE DE TODOS NÓS.

FOI MALTRATADO, MAS LIVREMENTE HUMILHOU-SE E NÃO ABRIU

A BOCA,

COMO CORDEIRO CONDUZIDO AO MATADOURO,

COMO OVELHA QUE PERMANECE MUDA NA PRESENÇA DOS

TOSQUIADORES,

ELE NÃO ABRIU A BOCA.

APÓS DETENÇÃO E JULGAMENTO, FOI PRESO.

DENTRE OS CONTEMPORÂNEOS, QUEM SE PREOCUPOU

COM O FATO DE TER SIDO CORTADO DA TERRA DOS VIVOS,

TER SIDO FERIDO PELA TRANSGRESSÃO DO SEU POVO?

DERAM-LHE SEPULTURA COM OS ÍMPIOS,

SEU TÚMULO ESTÁ COM OS RICOS,

EMBORA NÃO TIVESSE PRATICADO VIOLÊNCIA

NEM HOUVESSE ENGANO EM SUA BOCA.

MAS IAHWEH QUIS ESMAGÁ-LO PELO SOFRIMENTO

PORÉM, SE ELE OFERECE SUA VIDA COMO SACRIFÍCIO EXPIATÓRIO,

CERTAMENTE VERÁ UMA DESCENDÊNCIA, PROLONGARÁ SEUS DIAS

E POR MEIO DELE O DESÍGNIO DE DEUS TRIUNFARÁ."

"Deus é um grande caçador":
Inspiração do Espírito Santo
(fortaleza eterna) e emergência
do Cristianismo

"A SALVAÇÃO VEM DOS JUDEUS": OBSCURA NOTÍCIA QUE IRIA ABALAR O IMPÉRIO

O Novo Testamento se alimenta do Velho Testamento

"Nos últimos anos do Reinado de Tibério, isto é, por volta do ano 36 ou 37 da nossa Era, espalhou-se entre as colônias Judaicas dispersas pelo Império (Diáspora) um rumor que logo suscitou o mais vivo interesse.

"Tudo estava em calma nesse mundo mediterrâneo, que em três séculos Roma refundira segundo os seus princípios. Tudo nesse imenso Império dava uma impressão de ordem e estabilidade (inclusive na Palestina, a menor das regiões do Império).

....

"Quem poderia, pois, imaginar que uma obscura notícia, contestada com a mesma rapidez com que fora conhecida, e que a "asa do pássaro" levava aos quatro cantos do mundo, haveria de abalar violentamente esse próprio mundo?

"Essa extraordinária mensagem provinha de um pequeno grupo de judeus de Jerusalém.

"Não pertenciam às classes dirigentes, aos "Príncipes dos Sacerdotes" ou aos "Anciãos do Povo". Se se quisesse enquadrar esses homens numa das correntes religiosas estabelecidas, a única que, a largos traços, lhes convinha seria a dos "pobres de Israel", os Anawin — e mesmo estes eram mais um movimento contra o que parecesse mau ao povo eleito.

"Essa notícia falava da vinda do Messias, de sua morte e Ressurreição."

Nascia a Igreja primitiva, em Jerusalém. E o novo Testamento se alimentava do Velho Testamento.

Pentecostes e a Diáspora

Os Discípulos guardaram as palavras do Senhor, logo antes da Ascensão: "... Recebereis uma força, a do Espírito Santo, que descerá sobre vós. E sereis minhas testemunhas em Jerusalém, em toda a Judeia e a Samaria, e até os confins da terra."

Assim, aconteceu que chegado o dia de Pentecostes — cinquenta dias após *Passover* e a "Festa da Renovação da Aliança" — estavam todos reunidos.

De repente, veio do céu um ruído como o agitar-se de um vendaval impetuoso, que encheu toda a casa. Apareceram-lhes, então, línguas de fogo, que se repartiam e pousavam sobre cada um deles. E todos ficaram inspirados pelo Espírito Santo e começaram a falar em outras línguas, conforme o Espírito lhes concedia se exprimirem.

A razão disso é que se achavam então em Jerusalém judeus provenientes de inúmeras nações. Ou seja, filhos da Diáspora.

Lembrando: naquela altura, havia mais judeus vivendo fora da Terra Santa do que nela, por vários fatores (deportação, fuga, emigração voluntária). Assim, a Diáspora judaica cobria a maior parte do mundo mediterrâneo, tendo sua maior colônia em Alexandria (Egito).

E, no dia de Pentecostes, cada um dos participantes da multidão que se formou, diante do vendaval ocorrido, ficou perplexo por ouvir os Apóstolos (em que agora se incluía Matias) falarem em sua própria língua.

"Não são, acaso, Galileus?", se interrogavam Partos, Medos e Elamitas, habitantes da Mesopotâmia, da Judeia e da Capadócia, do Ponto e da Ásia, da Frígia e da Panfília, do Egito e das regiões da Líbia próximos a Cirene, romanos residentes em Jerusalém, Cretenses, Árabes.

"Que vem a ser isso? Ouvimos anunciadas em nossa língua as maravilhas de Deus por uns galileus."

Mas outros zombavam: "Estão cheios de vinho."

Pedro e o espírito

Entretanto, não foi para falar que o Espírito veio ao mundo.

Pedro levantou-se e falou à multidão: "Homens da Judeia, e todos vós, habitantes de Jerusalém, tomai conhecimento disto e prestai ouvido às minhas palavras. Estes homens não estão embriagados, pois é apenas a terceira hora do dia. O que está acontecendo é o que foi dito por intermédio do profeta":

"Sucederá nos últimos dias, diz Deus,
Que derramarei do meu Espírito sobre toda carne.
Vossos filhos e vossas filhas profetizarão,
Vossos jovens terão visões
E vossos velhos sonharão.
Sim, sobre meus servos e minhas servas
Derramarei do meu Espírito.
E farei aparecer prodígios em cima, no céu,
E sinais embaixo, na terra.
O sol se mudará em escuridão e a lua em sangue,
Antes que venha o dia do Senhor, o Grande Dia.
Então, todo o que invocar o nome do Senhor será salvo."

Continuou:

"Homens de Israel, ouvi estas palavras. Jesus de Nazaré, homem acreditado por Deus diante de vós, com milagres, prodígios e sinais, que Deus realizou no meio de vós, por seu intermédio, como bem o sabeis.

"Este homem, entregue segundo o desígnio determinado e a presciência de Deus, vós o matastes, crucificando-o pela mão dos ímpios. Mas Deus o ressuscitou, libertando-o dos grilhões da morte, pois não era possível que ficasse sob o seu domínio."

Ainda sob a inspiração do Espírito Santo, Pedro concluiu:

"Irmãos, seja-me permitido falar-vos com sinceridade: o patriarca Davi morreu e foi sepultado, e o seu túmulo se encontra entre nós, até o presente dia. Mas, sendo Profeta e sabendo que Deus lhe prometera, sob juramento, que um descendente seu tomaria assento em seu trono, viu e proclamou, antecipadamente, a Ressurreição de Cristo, com estas palavras: "Não o abandonarás na habitação dos mortos e não permitirás que sua carne conheça a decomposição."

"A este Jesus, Deus o ressuscitou, e disso todos nós somos testemunhas. Tendo sido elevado para a direita de Deus, recebeu do Pai o Espírito Santo prometido e o derramou. O resultado é isto que vedes e ouvis."

"Pois Davi, que não subiu aos céus, afirma:

"Disse o Senhor ao meu Senhor:

Senta-te à minha direita,

Até que eu faça dos teus inimigos

Um escabelo para os teus pés."

"Saiba, portanto, com certeza, toda a casa de Davi: Deus o constitui Senhor e Cristo, este Jesus a quem vós crucificastes."

Ouvindo isto, eles sentiam o coração transpassado e perguntaram a Pedro e aos demais Apóstolos: "Irmãos, que devemos fazer?"

Respondeu-lhes Pedro:

"Arrependei-vos. E que cada um de vós seja batizado, em nome de Jesus Cristo, para remissão de vossos pecados. Então recebereis o dom do Espírito Santo. Pois para vós é a Promessa, assim como para vossos filhos e para todos aqueles que estão longe. Isto é, para quantos o Senhor, vosso Deus, chamar."

Finalmente: "Salvai-vos desta geração perversa."

Assim aconteceu o maior dos milagres: os tímidos discípulos se haviam convertido nos Apóstolos do Cristianismo emergente — "o Caminho", como era chamado inicialmente.

Sua função: continuar a história de Jesus de Nazaré.

O Cristo ressuscitado continua sua missão através da Igreja.

Na Igreja (Comunidade) nascente, não havia preocupação com construir suas próprias sinagogas, edifícios especiais para o culto.

Sob a liderança de Pedro e João (o discípulo amado), o trabalho de evangelização se realizava principalmente no Templo de Jerusalém.

Certo dia, estavam os dois subindo ao templo, para a oração da hora nona.

E foi para ali trazido um certo homem, coxo de nascença, que todo dia colocavam junto à Porta Formosa, para pedir esmola.

Vendo Pedro e João, implorou que lhe dessem uma esmola. Pedro, entretanto, olhando-o fixamente, disse-lhe:

"Olha para nós."

Ele passou a olhá-los, esperando a esmola.

Mas Pedro lhe falou: "Nem ouro nem prata possuo. O que tenho, porém, isto te dou: em nome de Jesus Cristo, o Nazareno, anda!"

E, tomando-o pela mão direita, ergueu-o. No mesmo instante, o coxo sentiu seus pés e calcanhares se firmarem. De um salto, pôs-se em pé e começou a andar.

E entrou com eles no Templo, andando, saltando e louvando a Deus.

Todo o povo viu-o andar e louvar a Deus. Reconheciam-no, pois sabiam que era ele quem pedia esmola, junto à Porta Formosa. Por isso, grande era sua admiração, vendo-o andar.

Ele não se afastava de Pedro e João, e a multidão os seguiu, até o Pórtico de Salomão.

Pedro, então, dirigiu-se ao povo:

"Homens de Israel, por que vos admirais assim? E por que fixais os olhos em nós, como se por nosso próprio poder tivéssemos feito este homem andar."

"O Deus de Abrão, de Israel, de Isaac, de Jacó, o Deus de nossos pais, glorificou seu servo Jesus, a quem vós entregastes e negastes perante Pilatos, quando este já estava decidido a soltá-lo."

"Vós acusastes o Santo e o Justo, e pedistes a libertação de um assassino. Destes a morte ao Príncipe da Vida, mas Deus o ressuscitou dentre os mortos, e disto nós somos testemunhas."

"Graças à fé em seu nome, este homem que contemplais e a quem conheceis foi o seu nome que o revigorou. A fé que nos vem por Ele é que curou este homem na vossa presença."

Era hora de mudar de tom. E Pedro falou:

"Entretanto, irmãos, sei que agistes por ignorância, da mesma forma como vossos chefes."

"Assim, porém, Deus realizou o que antecipadamente anunciara pela boca de todos os profetas, a saber: que seu Cristo havia de padecer.

"Arrependei-vos, pois, e convertei-vos, afim de que sejam apagados os vossos pecados, e venham então da face do Senhor os tempos de refrigério. Então enviará ele o Cristo que vos foi destinado, Jesus, a quem o céu deve acolher até os tempos da restauração de todas as coisas das quais Deus falou pela boca de seus santos profetas.

"Moisés, na verdade, falou: O Senhor nosso Deus vos suscitará dentre os vossos irmãos um Profeta semelhante a mim. Vós o ouvireis em tudo que ele vos disser. E todo aquele que não escutar esse Profeta será exterminado do meio do povo.

"Também os outros profetas e todos os que a seguir falaram prenunciaram estes dias.

"Vós sois os filhos dos profetas e da Aliança que Deus estabeleceu com os nossos pais, quando disse a Abraão: "Na tua descendência, serão abençoadas todas as famílias da Terra.

"Para vós, em primeiro lugar, Deus ressuscitou seu Servo e o enviou para vos abençoar, a partir do momento em que cada um de vós se afastar de suas maldades."

Mal Pedro terminou, começaram as perseguições. E começaram através dos líderes religiosos de Israel, principalmente Anás e Caifás.

"Deus é um grande caçador" ("Meu único companheiro")

Essa percepção nos é dada, em tempos recentes, por uma figura trágica que se deixou dominar pelo orgulho humano*:

"Ó inexplicável, velado, terrível
Caçador por detrás das nuvens.
Fulminado por ti,
Olho irônico, que me fitas nas sombras,
Estou esgotado, vergado, retorcido.
Atormentado por todas as torturas eternas,
Ferido por ti, crudelíssimo caçador,
Desconhecido... Deus!
Vai-te embora.
E então, ele fugiu, ele próprio,
O meu único companheiro
Meu grande inimigo,
Meu desconhecido,
Meu carrasco... Deus!"

Grande caçador, porque prefere, em geral, as caças mais fortes. E as conquista, quando o orgulho humano não é forte demais, e o amor fraco demais.

Em nossa história, Deus começou por seu filho, Jesus Cristo. Convenceu-o de que os homens precisavam de Deus. E, para com os homens estabelecer uma "Nova

---

* Nietzsche, "Assim falou Zaratustra".

e Eterna Aliança", que os fortalecesse, era necessária a Encarnação, Paixão, Morte (Morte na cruz, Glória na Cruz) — e Ressurreição.

Em seguida, a Virgem, pelo caminho do amor materno, a serviço do Senhor.

Depois, José — amor a Maria, a serva de Deus. E amor, também, ao Filho concebido pelo Espírito Santo.

E assim por diante: "Pedro, tu me amas?" Pedro, que o negara três vezes.

João — o "Discípulo amado". E aquele a quem Jesus, do alto da cruz, entregaria sua mãe ("Homem, eis a tua mãe").

E, para não esquecer, Paulo — Paulo, o perseguidor. Uma pergunta — pergunta de amor: "Saulo, por que me persegues?" — cegou o fariseu culto e helenizado, e o transformou, de perseguidor em perseguido. Ódio convertido em amor (Hino ao Amor: "Ainda que tivesse o dom da profecia, o conhecimento de todos os mistérios e de toda a ciência ... se não tivesse o amor, nada seria").

E, realmente, o grande caçador cria todas as suas armadilhas em torno do amor. De alguma forma de amor.

PARTE II

A comunidade cristã (Igreja). Complexidade do Cristianismo emergente — helenistas e judeus. Mas "cristãos que se beijam". E as perseguições

OS APÓSTOLOS E A IGREJA DE JERUSALÉM. COMEÇAM AS PERSEGUIÇÕES

Pedro diante do Sinédrio

Vendo Pedro e os demais Apóstolos anunciar, em Jesus, a Ressurreição dos Mortos, o Sumo Sacerdote e os Saduceus os mandaram prender, até a manhã seguinte, pois já estava entardecendo.

No dia seguinte, o Sinédrio se reuniu, com a presença de Anás e Caifás. E mandaram chamar os Apóstolos.

Começou o interrogatório: "Com que poder ou por meio de que nome fizestes isso?"

Pedro, tomado pelo Espírito Santo, lhes disse:

"Chefes do Povo e Anciãos. Uma vez que hoje somos interrogados judicialmente a respeito do benefício feito a um enfermo e de que forma ele foi curado, seja manifesto a todos vós e a todo o povo de Israel: é em nome de Jesus Cristo, o Nazareno, aquele a quem vós crucificastes, mas a quem Deus ressuscitou dentre os mortos, é em seu nome e em nenhum outro que esse homem se apresenta curado, diante de vós."

"É Ele a pedra desprezada por vós, os construtores, mas que se tornou a pedra angular. Pois não há, debaixo do céu, outro nome dado aos homens pelo qual devamos ser salvos."

(Quem está sendo julgado: os Apóstolos ou o Sinédrio?)

Ao ver a intrepidez de Pedro e João, verificando serem homens iletrados e sem posição social, e reconhecendo neles os seguidores de Jesus, ainda assim nada puderam dizer: com eles, de pé, o homem que fora curado.

Retiraram-se para deliberar e, na volta, os proibiram com ameaças de tornar a falar em nome de Jesus onde quer que fosse. Absolutamente.

Entretanto, Pedro e João responderam:

"Julgai se é justo, aos olhos de Deus, obedecer mais a vós que a Deus. Pois não podemos, nós, deixar de falar das coisas que vimos e ouvimos."

Então, depois de novas ameaças, foram os Apóstolos soltos, pois os líderes do Sinédrio não encontraram neles o que punir. E estavam percebendo a reação do povo: todos glorificavam a Deus pelo que acontecera.

De volta aos seus, os Apóstolos ergueram a voz, em agradecimento a Deus, e invocaram sua contínua proteção, através do Espírito:

"De fato, contra o teu santo servo Jesus, a quem ungiste, verdadeiramente coligaram-se em Jerusalém Herodes e Pôncio Pilatos, com as nações pagãs e os povos de Israel, para executar tudo que, em teu poder e sabedoria, havias determinado de antemão.

"Agora, pois, Senhor, considera suas ameaças e concede a teus servos que anunciem com intrepidez tua palavra, enquanto estendes a mão para que se realizem curas, sinais e prodígios, em nome de teu santo servo Jesus."

A comunidade, helenistas e judeus

Na Comunidade (Igreja) de Jerusalém, procuravam os Apóstolos manter um clima em que todos se tratassem como irmãos, inclusive dividindo seus bens, para que os despossuídos recebessem amparo.

Isso não impedia que alguns dos irmãos, como Ananias e Safira, cometessem fraude na hora de distribuir os bens.

E, principalmente, não impediu que se criasse certa tensão entre os helenistas (judeus da Diáspora) e os judeus que haviam permanecido na Judeia.

Os helenistas, em geral, falavam grego. Os judeus, aramaico.

A principal fonte de tensão era a administração das obras de caridade, para haver realmente uma Comunidade (irmandade). E, em especial, da assistência às viúvas — o grupo mais vulnerável.

Diante disso, os doze convocaram a multidão dos discípulos. E disseram:

"Procurai, entre vós, irmãos, sete homens de boa reputação, cheios do Espírito e de sabedoria, e nós os encarregaremos da tarefa de supervisionar as obras de caridade de nossa comunidade."

E assim foi feito.

Puderam, desta forma, continuar os Apóstolos a sua tarefa de ministério da Palavra.

Apóstolos e povo costumavam estar juntos, de comum acordo, no Pórtico de Salomão. Nenhum dos outros ousava juntar-se a eles, mas o povo estimava-os muito.

Crescia sempre mais o número dos que aderiam ao Senhor pela fé. Já era uma multidão de homens e mulheres. Chegavam a transportar para as praças os doentes, e camas e macas, a fim de que, quando Pedro passasse, pelo menos a sua sombra tocasse alguns deles.

A multidão vinha até de cidades vizinhas de Jerusalém, trazendo doentes e pessoas atormentadas pelos maus espíritos. E todos foram curados.

CRISTIANISMO EMERGENTE: "KISSING CHRISTIANS"
(CRISTÃOS QUE SE BEIJAM)

No final da primeira Epístola aos Coríntios, Paulo diz: "Saúdam-vos as Igrejas da Ásia ... saúdam-vos todos os irmãos.

SAUDAI-VOS UNS AOS OUTROS COM UM BEIJO SANTO."

A partir desse texto, em que o Apóstolo Paulo envia o seu beijo aos irmãos de Corinto, criou-se toda uma literatura, que mostra um fato e discute sua interpretação: durante o culto, os primeiros cristãos, homens e mulheres, do primeiro ao quinto século, beijavam-se na boca. Cristãos se beijavam.

Um especialista no assunto* observa: ... "O beijo foi uma das características mais comuns da Cristandade nascente. Nos primeiros cinco séculos da Era Cristã,

---

* *"Kissing Christians"*, Michael Philip Penn, University of Pennsilvania Press, 2005.

cristãos beijavam-se durante a oração, Eucaristia, batismo e ordenação (de sacerdotes). E em conexão com saudações, funerais, votos monásticos, martírio e práticas penitenciais."

A questão que se coloca é: quais as funções do beijo nas Comunidades cristãs?

João Crisóstomo (Século IV) observa:

"Saudai-vos com um beijo santo." Essa recomendação do beijo santo, Paulo faz apenas nesse ponto. Por que? Os Coríntios estavam muito divididos entre si, e diziam: "Eu sou de Paulo", "Eu sou dos Apóstolos", "Eu sou de Cephas", e "Eu de Cristo". E um estava faminto e o outro bêbado. E havia lutas e rivalidades e processos. E pelas suas aptidões havia muita ciumeira e muita arrogância. Por isso, depois de uni-los através de sua exortação, Paulo, razoavelmente, os induz a solidarizar-se também através do beijo santo. Porque isso une e produz um único corpo.

Era a ideia de que "Paulo instituiu o beijo santo para ajudar a solidificar a Comunidade coríntia. O beijo ligava uma pessoa à outra, e, em última análise, produzia um único, unificado, corpo social".

Como Crisóstomo, "outros escritores cristãos dos primeiros tempos continuamente deram ênfase ao beijo como forma de unir indivíduos e Comunidades".

Em verdade, há toda uma tradição a respeito da conexão entre o beijo e o Cristianismo emergente.

De um lado, "o beijo e a troca espiritual".

"CRISTÃOS QUE SE BEIJAM" E O "CREPÚSCULO DOS DEUSES"

Sua origem é a antiga ideia de que o beijo frequentemente envolve não apenas o toque dos lábios mas também a troca física de almas ou espíritos ("Porque a boca é o órgão da voz, um reflexo da alma").

Nessa tradição se coloca a ideia de que os primeiros cristãos viam o beijo como "uma forma de comunhão no Espírito Santo". Ou de transferir o Espírito de Cristo entre membros da Comunidade, em demonstração de solidariedade.

Vem, em sequência, a visão de conectar beijo, troca espiritual e coesão de grupo.

Nesse conceito, e considerando a tradição greco-romana da família como uma unidade social e cultural básica, chega-se à noção de que, sob a influência do beijo, as Comunidades cristãs se tornam famílias, unidas pela fé.

A isso se adicionava a ideia, colocada por Tertuliano, do "beijo para promover a reconciliação e restaurar a paz".

E todas essas funções do beijo convergem para sua importância na formação de um corpo social.

"Família, Espírito, Reconciliação — conceitos aparentemente abstratos —, o beijo transformou-os a todos em ações corporificadas. A conexão entre beijo ritual e os corpos dos participantes contribuiu para o poder do beijo ritual e constituiu um importante meio para a criação de um corpo social coeso."

Chegamos, assim, à colocação de Agostinho de Hipona, de que Paulo criou a Igreja com judeus e gentios, e usa a imagem do beijo, não como uma parede, mas como uma pedra angular (ou ângulo).

"Que é uma pedra angular senão a reunião de duas paredes,
Vindo de diferentes direções, que então,
Como deveriam, trocam o beijo da paz?"*

Desejemos, como queria Agostinho, que o beijo una indivíduos e forme Comunidades.

---
* Agostinho, "Sermões".

ESTÊVÃO E SUA PAIXÃO. E SAULO

Estêvão operava sinais entre o povo. Intervieram então alguns de várias Sinagogas de origem helenista e puseram-se a discutir com Estêvão, também helenista, mas de grande sabedoria e dominado pelo Espírito.

Sob a falsa acusação de blasfêmia, foi Estêvão levado ao Sinédrio, após haverem seus adversários amotinado o povo, os Anciãos e os Escribas.

No Sinédrio, veio a acusação: "Este homem não cessa de falar contra este lugar santo e contra a Lei."

Os membros do Sinédrio, com os olhos fixos nele, tiveram a impressão de ver o rosto de um anjo. Era a transfiguração de Estêvão.

O Sumo Sacerdote perguntou:

"As coisas são mesmo assim?"

A síntese da resposta de Estêvão é uma nova interpretação do Antigo Testamento. "Não era uma questão do que as escrituras judaicas diziam, mas do que significavam." Para ele, "o objetivo central do Antigo Testamento era a promessa do Messias, Jesus".

Em suas palavras:

"Irmãos e pais, ouvi.

"O Deus da glória apareceu a nosso pai Abraão, e com ele fez uma Aliança.

"Depois, fez Aliança com Moisés, que "era belo aos olhos de Deus", e o fez chefe e senhor, para que levasse o nosso povo à terra de Canaã, gerando prodígios e sinais, na terra do Egito, no Mar Vermelho e, no deserto, durante quarenta anos, como prova de sua Aliança.

"Foi ele, Moisés, quem disse aos israelitas: "Deus vos suscitará, dentre vossos irmãos, um profeta como eu."

Fazendo uma pausa, prosseguiu:

"A tenda do Testemunho esteve com nossos pais, no deserto. E nossos pais, guiados por Josué, a introduziram no País de Canaã, e ela ali permaneceu, até os dias de Davi. Foi Salomão, porém, que construiu o Templo, a casa de Deus. Entretanto, o Altíssimo não habita em obras de mãos humanas, como diz o Profeta:

"Ó céu é o meu trono,

E a terra o estrado dos meus pés.

Que casa me construireis, diz o Senhor,

Ou qual será o lugar do meu repouso?

Não foi minha mão que fez tudo isso?"

E a conclusão:

"Homens de dura cerviz, incircuncisos de coração e de ouvidos, vós sempre resistis ao Espírito Santo. Como foram vossos pais, assim também sois vós. A qual dos profetas vossos pais não perseguiram? Mataram os que prediziam a vinda do Inocente, de quem agora vos tornastes traidores e assassinos, vós que recebestes a Lei por intermédio de anjos, e não a guardastes."

Ali estavam membros da Sinagoga dos libertos, dos cirineus e alexandrinos, da Cilícia e da Ásia. A situação ficou fora de controle, pois tremiam de raiva em seus corações e rangiam os dentes contra ele.

Estêvão, porém, cheio do Espírito Santo, fitou os olhos no céu e viu a glória de Deus, e Jesus, de pé, à direita de Deus.

E disse:

"Eu vejo os céus abertos, e o Filho do Homem, de pé, à direita de Deus."

Eles, porém, dando grandes gritos, taparam os ouvidos e precipitaram-se à uma sobre ele. E, arrastando-o para fora da cidade, começaram a apedrejá-lo.

Enquanto o apedrejavam, Estêvão fazia esta invocação: "Senhor Jesus, recebe meu espírito."

Depois, caindo de joelhos, gritou: "Senhor, não lhes leves em conta este pecado."

E, dizendo isto, adormeceu. Estêvão, primeiro mártir — e por linchamento.

Durante o martírio, os membros das inúmeras sinagogas depunham seus mantos aos pés de um jovem.

Seu nome, Saulo.

Saulo de Tarso.

Saulo, perseguidor dos cristãos.

Cego, na estrada de Damasco e
"o Caminho" se transforma em
Cristianismo

CEGO, NA ESTRADA DE DAMASCO — A MISSÃO

Os Pogroms (perseguições) contra seguidores de cristo, em Jerusalém

Sucediam-se as caçadas humanas, nas ruas de Jerusalém, contra os seguidores de Cristo ("o Caminho").

O instigador, Saulo de Tarso, então jovem de vinte e cinco anos, viria a confessar, em epístola aos Gálatas (Anatólia), vinte e cinco anos depois:

"Vocês souberam, sem dúvida, de minha vida anterior no judaísmo. Eu vivia perseguindo, violentamente, a igreja de Deus. E tentando destruí-la."

A ideia dos que pensavam como Saulo é que os adeptos de Cristo, antes na obscuridade, se estavam tornando audaciosos. Primeiro, Pedro e João, e agora Estêvão. Era-lhe impossível esquecer as denúncias de Estêvão. Insegurança, receio de que ele estivesse certo?

O certo é que a perseguição aos adeptos de Jesus se tornou, para Saulo, uma obsessão. A esse tema voltaria ele cinco vezes, em suas epístolas às Igrejas cristãs (três aos Gálatas, uma aos Coríntios, uma aos Filipenses).

O resultado eram as caçadas humanas, em grande número, conduzidas pessoalmente por Saulo, com autorização do Sumo Sacerdote.

Saulo, Paulo, o judeu da diáspora (helenista)

Nascido em Tarsus, na Cilícia, filho da Diáspora (helenista) e cidadão romano (pai era cidadão romano), o fariseu e *scholar* Saulo era também chamado de Paulo*.

Não somente após a experiência na estrada de Damasco, mas desde que nascera: exigia-se do cidadão romano que fosse registrado com três nomes (*tria nomina*). Prenome, nome de família e cognome (nome adicional).

Paulo, o nome (latim: Paulus). Saulo, o cognome, vem do hebreu (significado: "pedir"). "Hebreu, filho de Hebreus" (Epístola aos Filipenses).

Tem-se dito que Deus, ao escolher o seu Messias, Jesus, escolheu também (eram, praticamente, contemporâneos) aquele que se tornaria o principal responsável pelo cumprimento da promessa feita a Abraão: a Aliança com toda sua descendência, tão numerosa quan-

---

* Mc Ray, *"Paul, His life and teaching"*, Baker Academic, Michigan, EUA, 2003..

to as estrelas. Ou seja, todas as nações (os gentios), através da semente de Abraão — os judeus ("Gênese").

Lembrando: a missão dada por Jesus aos Apóstolos havia sido de que levassem a todas as nações a "Boa Nova" da Ressurreição do Senhor.

Cego, na estrada de Damasco

E agora Paulo se encontra na estrada de Jerusalém a Damasco, com o objetivo de naquela cidade, com autorização do Sumo Sacerdote, prender quaisquer discípulos de Jesus que pudesse achar.

Tomou, provavelmente, a estrada principal, através do Vale do Jordão, "antes de voltar-se para o Nordeste, da Galileia para Damasco".

Damasco está localizada num oásis, no sul da Síria, a aproximadamente uns 200 km de Jerusalém. A cidade foi completamente reconstruída no período helenista.

Na estrada, percebia-se que o objetivo estava próximo. A paisagem entrava em reversão: palmeiras, árvores de várias espécies, flores, jardins.

"Subitamente, o indizível aconteceu. Uma luz violenta envolveu Paulo. Os que estavam com ele o viram tropeçar e então cair na estrada empoeirada.

"Correram para ele, cercando-o. Devagar, ele abriu os olhos, mas eles encontraram apenas a noite.

"Paulo estava cego."

Foi então, levado, em Damasco, para a casa de um judeu chamado Judas, na Rua Direita. Paulo ali permaneceu três dias. Sem comer nada, beber nada. E sem qualquer luz alcançando seus olhos.

Apenas recordando — "o Evento".

Na estrada, subitamente, uma luz vinda do céu o envolvera. Caindo por terra, ouviu uma voz que lhe dizia:

"Saulo, Saulo, por que me persegues?"

Éle havia perguntado:

"Quem és, Senhor?"

E a resposta:

"Eu sou Jesus, a quem tu persegues. Mas levanta-te, entra na cidade, e te dirão o que deves fazer."

Ainda recordando, Paulo teve a ideia que haveria de transmitir, anos depois, numa Epístola aos Coríntios:

"ARREBATADO AO PARAÍSO."

Paulo: a Antiga e a Nova Aliança

Na mesma rua Direita, a cerca de trezentos metros do local onde estava Paulo, morava Ananias, membro da vasta Comunidade judaica de Deus e recentemente convertido ao "Caminho".

Numa visão, disse-lhe o Senhor:

"Ananias!",

"Aqui estou, Senhor", respondeu o discípulo.

O Senhor prosseguiu:

"CRISTÃOS QUE SE BEIJAM" E O "CREPÚSCULO DOS DEUSES"

"Levanta-te, vai à casa de Judas, e pergunta por um homem chamado Saulo de Tarso."

Ananias ainda hesitou:

"Senhor, tenho ouvido muita gente falar desse homem, e do mal que tem feito aos teus Santos, em Jerusalém."

O Senhor respondeu:

"Vai, pois ele é um instrumento escolhido por mim."

Ananias nem pensou em resistir mais. Correu à casa de Judas e lá encontrou Saulo em oração.

"Irmão Saulo, o Senhor Jesus, que apareceu a ti no caminho para Damasco, enviou-me para restituir-te a visão e para que fiques cheio do Espírito Santo."

Nesse momento, caíram escamas dos olhos de Paulo e ele recuperou a vista.

Depois, levantou-se e recebeu o batismo.

Retornando à vida normal, e havendo recuperado as forças, após alimentar-se regularmente, Paulo passou alguns dias com os discípulos em Damasco.

E, pregando nas sinagogas que Jesus era o Messias, passou a confundir os Judeus, que diziam: "Não foi ele que, em Jerusalém, perseguiu aqueles que invocavam o nome de Jesus?"

Decorrido algum tempo, os judeus combinaram matá-lo. Até as portas da cidade eram guardadas noite e dia. Então os discípulos, vendo o risco que Paulo corria, fizeram-no descer muralha abaixo, dentro dum cesto.

Chegado a Jerusalém, procurava os Discípulos, mas todos o temiam. Barnabé, então, o levou aos Apóstolos e contou a sua conversão e como pregava o nome de Jesus em Damasco.

Paulo também se dirigia aos helenistas e discutia com eles, que, entretanto, terminaram planejando sua morte. A saída, para os discípulos, foi levá-lo para Tarso.

PEDRO E OS GENTIOS: A VISÃO

Cornélio e a visão

Enquanto isso, as Igrejas gozavam de paz por toda a Judeia, Galileia e Samaria, crescendo como um edifício, com a assistência do Espírito Santo. E caminhando na Paz do Senhor.

Era um período de tranquilidade.

Em Cesareia de Felipe, havia um centurião romano, da coorte itálica, temente a Deus. Certo dia, cerca da hora nona, teve uma visão: uma figura luminosa aproximou-se dele e falou:

"Cornélio!"

Fixando no mensageiro os olhos, cheio de medo, o centurião perguntou:

"Que há, Senhor?"

O anjo respondeu:

"Tuas orações e tua caridade subiram até a presença de Deus e ele se lembrou de ti. Envia, então, alguns homens a Jope e manda chamar Simão, cognominado Pedro. Ele está hospedado na casa de um certo Simão, curtidor, junto ao mar."

Assim que se afastou o mensageiro, com sua luminosidade, Cornélio chamou dois empregados e um soldado, e lhes deu instruções.

Visão de Pedro

No dia seguinte, Pedro, que se deslocava por toda parte, e estava em Jope, subiu ao terraço da casa, por volta da sexta hora, para rezar. Sentindo fome, pediu algo para comer, mas, enquanto aguardava, sobreveio-lhe uma visão.

Apareceu-lhe o céu aberto e um objeto que descia, semelhante a um lençol. Dentro havia quadrúpedes, répteis e aves do céu.

Uma voz lhe falou:

"Levanta-te, Pedro, imola e come."

Pedro, porém, replicou:

"De modo algum, Senhor, pois jamais comi coisa profana e impura."

Pela segunda vez, a voz lhe falou:

"Ao que Deus purificou, não chames tu de profano."

Sucedeu isso por três vezes, e logo o objeto foi recolhido aos céus.

Enquanto Pedro refletia sobre o significado da visão, os homens enviados por Cornélio pararam à porta da casa.

O Espírito falou a Pedro:

"Alguns homens estão aí, à tua procura. Desce, pois, e vai com eles, pois fui eu quem os enviou."

Pedro desceu e falou aos enviados de Cornélio:

"Sou eu a quem procurais. Qual o motivo de vossa vinda?"

Resposta:

"O centurião Cornélio, homem justo e temente a Deus, recebeu de um mensageiro do Alto o aviso para chamar-te à sua casa, para ouvires o que tem a dizer-te."

No dia seguinte, Pedro partiu com eles.

Chegados a Cesareia (um dia de viagem), Cornélio os aguardava, juntamente com parentes e amigos mais íntimos.

Quando Pedro estava para entrar, Cornélio saiu-lhe ao encontro e prostrou-se a seus pés, em adoração. Mas Pedro o reergueu, dizendo:

"Levanta-te, pois eu também sou apenas um homem."

E, conversando amigavelmente com ele, entrou.

Depois que todos se haviam sentado (e eram muitos), falou-lhes:

"Bem sabeis que é ilícito aos Judeus relacionar-se com um gentio, ou mesmo ir à sua casa. Mas Deus acaba de mostrar-me que a nenhum homem se deve chamar de profano ou impuro."

Breve pausa. E prosseguiu:

"Por isso, vim sem hesitação, logo que chamado. Pergunto, pois: por que razão me chamastes?"

Cornélio:

"Faz hoje três dias, estava eu em oração, quando diante de mim postou-se um homem em vestes resplandecentes. E disse-me que minha oração tinha sido ouvida e que te mandasse chamar. Por isso mandei chamar-te e tiveste a bondade de vir. Aqui estamos, pois, todos diante de ti, para ouvir tudo que te foi ordenado por Deus."

Pedro e Cornélio

Pedro, então, falou:

"Dou-me conta, em verdade, que Deus não faz distinção de pessoas, mas que, em qualquer nação, quem o teme e pratica a Justiça lhe é agradável. Tal é a palavra que Ele enviou aos israelitas, dando-lhes a Boa Nova da Paz, por Jesus Cristo, que é o Senhor de todos."

Fitou Cornélio, passou os olhos por todos os demais em volta de si, e disse:

"Sabeis o que aconteceu por toda a Judeia: Jesus de Nazaré, começando pela Galileia, pois estava ungido por Deus com o Espírito Santo e com poder, passou a pregar, fazer o bem e curar."

"Nós somos testemunhas de tudo que fez por toda a região dos Judeus e em Jerusalém, ele, a quem no entanto mataram, suspendendo-o ao madeiro. Mas Deus o ressuscitou ao terceiro dia e concedeu-lhe que se tornasse visível às testemunhas que o vinham acompanhando, nós, seus discípulos."

Conclusão:

"Jesus, então, mandou-nos pregar ao povo e dar testemunho de que Ele é o juiz dos vivos e dos mortos. É dele que todos os profetas dão testemunho, de que, por meio de seu nome, receberá remissão dos pecados todo aquele que nele crer."

Pedro estava ainda falando quando o Espírito Santo desceu sobre todos que ouviam a Palavra.

E os fiéis que eram da circuncisão (e tinham vindo com o Pedro) ficaram estupefatos ao ver que também sobre os gentios se derramava o dom do Espírito Santo, pois ouviam-nos falar em línguas e engrandecer a Deus.

Pedro, então, determinou que fossem batizados em nome de Jesus Cristo. E assim aconteceu.

PARTE III

Interação entre Cristianismo emergente e Paideia (Cultura) grega.

O MEDITERRÂNEO E O MUNDO GREGO

"O Mediterrâneo é um milagre": berço de civilizações

"O Mediterrâneo é um milagre"* ... "... Se tentarmos olhar para ele objetivamente, nós repentinamente percebemos que aqui está algo inequivocamente único, uma massa de água que pode ter sido deliberadamente destinada, como nenhuma outra superfície no globo, a ser um berço de Culturas."

E se efetivamente considerarmos a Antiguidade Clássica, desde suas origens, ali vamos encontrar a origem — não só de três das mais estonteantes civilizações da Antiguidade (Egito, Grécia, Itália), como o berço ou

---

* Ver "*The Middle sea — a history of the Mediterranean*", de John Julius Norwich, Vintage Books, Londres, 2007.

expansão de três das nossas maiores religiões (Judaísmo, Cristianismo, Maometismo).

O *mundo grego*

Em torno do ano 800 a.C. é que "as terras em torno do mar Egeu (após a Guerra de Troia) finalmente se uniram em torno de uma única língua e cultura".

Entretanto, entre as inúmeras comunidades ali existentes, nenhuma cidade se colocava acima das outras. E o que realmente existia era uma multiplicidade de Poleis (ou Polis), as cidades-estado que formavam aquele mundo. Não havia um Império, embora os gregos houvessem, na altura de 670 a.C., colonizado todo o Mediterrâneo, até a altura da Sicília. Colonizado e civilizado, com sua Arte e Arquitetura, Literatura e Filosofia, Ciência e Matemática (e seus bons vinhos também).

Entretanto, a falta de unidade política, se beneficiava o desenvolvimento da Arte Grega, Cultura e Pensamento, por outro lado era uma desvantagem em face de poderes imperiais, principalmente da Pérsia (e Dario). Assim, a Liga do Peloponeso, formado para combater o Império Persa, era constituída de quatro ou cinco cidades-estado. Por que não todo o resto do mundo grego?

"CRISTÃOS QUE SE BEIJAM" E O "CREPÚSCULO DOS DEUSES"

"Black Athena" — as afroasiáticas raízes da Civilização Clássica*

A controvertida tese de Martin Bernal coloca as origens da Civilização Grega no Egito e área próxima (ou seja, Norte da África).

A criticar nessa valiosa contribuição se pode levantar o ponto de que Bernal se concentrou numa área de influência, negligenciando a influência do Oriente próximo.

A identidade pan-helênica e as Olimpíadas

Ponto importante a assinalar é que nem na "Ilíada" e na "Odisseia", de Homero, nem no comportamento de Esparta e Atenas, até o início do Século VI a.C., se percebe o senso de serem gregos — uma ideia de Pan-Helenismo.

Só a partir do início daquele século emerge certa consciência de que os vários grupos étnicos existentes na Grécia — Dóricos, Iônicos, Aqueus, etc. — eram todos descendentes de um rei mítico — Heleno.**

Consolidou-se essa identidade pan-helênica através do mundo de jogos atléticos no Século VI a.C.

---

* De Martin Bernal, 3 volumes, Rutgers University Press, New Jersey, EUA, 1987.
** Ver *The birth of classical Europe* de Simon Price, Allen Lane, Londres.

O mais importante santuário inter-regional no mundo grego era o santuário de Zeus, em Olímpia, no Peloponeso.

Quando os Jogos Olímpicos passaram a ser realizados em ambiente de arquitetura monumental, e os atletas se tornaram representantes de suas Polis de origem, despertando o interesse dessas comunidades, criaram-se as condições mínimas para a consciência do pan-helenismo. Nasceu, então, o senso de serem todos parte de uma Comunidade Grega, que ia da Ásia Menor até a altura da Sicília.

"PAIDEIA" — A FORMAÇÃO DO HOMEM GREGO*. E A EXPLOSÃO GREGA

Paideia — os gregos e seu ideal de humanidade

Werner Jaeger lançou a sua investigação histórica extraordinária como "base para uma nova consideração de conjunto do fenômeno grego".

Sua colocação: "Conquanto se tenha descrito frequentemente o desenvolvimento do Estado e da Sociedade, da Literatura e da Religião e Filosofia dos gregos, ninguém até hoje tentou evidenciar a ação recíproca entre o processo histórico pelo qual os gregos logravam elaborar seu ideal de humanidade."

---

* Ver Werner Jaeger, "PAIDEIA — A formação do homem grego", Martius Fontes, São Paulo, 2010.

Paideia — "Não se pode evitar o emprego de expressões modernas como Civilização, Cultura, Tradição, Literatura ou Educação. Nenhuma delas porém, coincide realmente com o que os gregos entendiam por *Paideia*. Cada um daqueles termos se limita a exprimir um aspecto daquele conceito global, e, para abranger o campo total do conceito grego, teríamos de empregá-los todos de uma vez."

Jaeger assinala que "o helenismo ocupa uma posição singular. A Grécia representa, em face dos grandes povos do Oriente, um "Progresso" fundamental, um novo "estágio" em tudo que se refere à vida dos homens na comunidade".

E esse progresso consistia, essencialmente, no fato de que, "à medida que avançava no seu caminho, ia-se gravando na sua consciência, com clareza cada vez maior, a finalidade sempre presente na qual sua vida se assentava: a formação de um elevado tipo de homem".

Isso corresponde a uma "valorização nova do homem, a qual não se afasta muito das ideias difundidas pelo Cristianismo sobre o valor infinito de cada alma humana. Nem do ideal de autonomia que desde o Renascimento se reclamou para cada indivíduo".

E a conclusão: "O princípio espiritual dos gregos não é o individualismo, mas o "humanismo", para usar a palavra no seu sentido clássico e originário. Humanismo vem de *Humanitas*."

"CRISTÃOS QUE SE BEIJAM" E O "CREPÚSCULO DOS DEUSES"

E o complemento, como já foi colocado*: houve duas explosões de Conhecimento na história humana. A primeira começou na Grécia, Século VI a.C. A segunda, quatro ou cinco séculos atrás (e continua).

"Parece inegável que os antigos pensadores gregos conheciam pelo menos tão bem quanto nós o que se pode ou não dizer sobre a natureza humana e uma boa vida. Se vimos a Física avançar mais que os gregos jamais sonharam, os gregos provavelmente levaram a Filosofia Ética além do que temos sido capazes de fazer".

---

* Charles Van Doren, "*A history of knowledge*", Ballantine Books, Nova York, USA, 1991.

CRISTIANISMO EMERGENTE E PAIDEIA GREGA

Foi também Werner Jaeger* quem falou do encontro histórico dos dois mundos, nos primeiros séculos da nossa Era: de um lado, o Cristianismo emergente, que procurava universalizar-se; de outro, a Paideia grega (Cultura e Filosofia), que dominava as civilizações na área do Mediterrâneo Oriental.

Desta forma, o primeiro aspecto a assinalar, como resultado dessa interação, é que a forma final do Cristianismo foi muito influenciada pela Civilização Grega.

Originalmente, como visto, a nova religião ("o Caminho") havia sido um produto da Cultura Judaica. Sem embargo, não se enraizou ela apenas nos limites da Palestina e passou a penetrar o mundo no seu entorno. Que, como visto, era domínio da língua e da Civilização

---

* Ver Werner Jaeger, *"Early Christianity and Greek Paideia"*, Harvard University Press, Cambridge, Massachusets, EUA, 1961.

Grega, que se haviam expandido ao longo de três séculos do período helenista.

Em segundo lugar, deve-se assinalar que o encontro não significou uma mudança unilateral.

Ao mesmo tempo em que se aprofundava a Cristianização do mundo de língua grega, no seio do Império Romano, estava ocorrendo a helenização da religião cristã.

Na Era Apostólica (Missões de Paulo, Pedro e outros Apóstolos), a língua usada era, essencialmente, o grego, indispensável (inclusive os Evangelhos e "Atos dos Apóstolos"). E, com a língua grega, um mundo de conceitos e elementos culturais foram-se incorporando à doutrina cristã.

Nesse processo de interação, deve-se levar em conta que os judeus eram em grande medida helenizados, tanto na Diáspora como em Jerusalém. Ao lado disso, foi para esse segmento helenizado do judaísmo que a nova religião primeiro se voltou, como era natural.

Ao mesmo tempo, o Cristianismo foi-se afastando do Judaísmo. Inúmeros fatores contribuíram para isso. De um lado, o grande sucesso das Missões cristãs para todo o mundo helênico. De outro, o sucesso menor (ou relativo fracasso) das dos judeus, e o rumo que o Judaísmo tomou após a destruição do Templo de Jerusalém pelos romanos (70 d.C.), fortalecendo a área farisaica-ortodoxa do Judaísmo e o maior afastamento do Cristianismo.

O resultado é que, "no fim do Século I d.C., havia mais cristãos entre os gentios do que entre os judeus."

PAIDEIA DE CRISTO

Convém aprofundar o assunto da interação.

De um lado, como visto, foram as primeiras Missões cristãs que levaram os discípulos a usar não apenas a língua grega mas também formas gregas de Literatura e retórica ao dirigir-se aos judeus helenizados das grandes cidades do mundo mediterrâneo.

Ao fazer isso, Paulo e os outros estavam seguindo o curso dos filósofos gregos na Era Helenística, que pregavam sua visão filosófica (*dogma*) como "o Caminho para a Felicidade".

A pregação cristã (*Kerygma*) também se referia a um Mestre "que possuía e revelava a verdade".

De outro, essa atitude dos missionários cristãos se tornava mais importante quando se dirigiam a gregos cultos.

Tomemos um exemplo e passemos ao momento decisivo do encontro entre gregos e cristãos.

"CRISTÃOS QUE SE BEIJAM" E O "CREPÚSCULO DOS DEUSES"

O exemplo seria a transposição, para o Cristianismo, do mito de *"Eros e Psique* — Amor e Alma*"*, que "representa as lutas primordiais do amor e da alma ... onde Deus, a morte, o tempo, transformam a experiência da vida num fado único e maravilhoso".

Não foi por acaso que o Cristianismo fez desse mito as "bases psicológicas e filosóficas que consubstanciaram o casamento terreno entre Cristo (Eros/amor/o masculino) e a Igreja (*Psique*/Alma/a mulher)".

Em seguida, o momento decisivo, de que, segundo Jaeger, se pode considerar haver dependido o futuro do Cristianismo como religião mundial.

Isso estava claro, para o autor dos "Atos dos Apóstolos" (Lucas), quando fala da ida de Paulo a Atenas, "o centro intelectual e cultural do mundo grego clássico".**

Paulo decidiu fazer a sua pregação no próprio Areópago, para uma audiência de filósofos estoicos e epicuristas, que, desdenhosamente, lhe perguntaram:

"Poderemos saber que nova doutrina é essa que ensinas? O que nos dizes é muito estranho e gostaríamos de saber o que isso quer dizer."

De pé, no meio do areópago, Paulo disse então:

"Atenienses, vejo que sois, em tudo, os mais religiosos dos homens. Percorrendo a vossa cidade e exami-

---

* Ver *"Eros e Psique* — Amor e Alma", em celebração ao poema de Fernando Pessoa, Ibis Libris, Rio, 2006.
** Voltaremos ao assunto, com mais detalhes, posteriormente.

nando os vossos monumentos sagrados, até encontrei um altar com esta inscrição: "AO DEUS DESCONHECIDO".

Notando haver-lhes captado a atenção:

"Pois bem. O que venerais sem conhecer é o que eu vos anuncio — o Deus que criou o mundo e tudo quanto nele está."

A sorte estava lançada.

E a exortação/desafio de Paulo se iria completar através de escritor cristão que viria mais tarde (o autor dos "Atos do Apóstolo Felipe"). Na linha do encontro histórico de Paulo, Felipe também vai a Atenas, e se dirige ao mesmo tipo de audiência.

Diz Felipe:

"Eu vim a Atenas para vos revelar a Paideia de Cristo."

Ideia de Paulo e Felipe: é como se o Cristianismo fosse a continuação da Paideia grega clássica. E a implicação: a Paideia clássica estava sendo superada pela concepção de Cristo como sendo o centro de uma nova Cultura e "tornando-se seu instrumento".

Cristianismo e a Paideia de cristo

Jaeger observa que o desenvolvimento histórico da religião cristã em seus primeiros séculos pode ser visto como uma contínua "tradução" de suas fontes, procurando dar ao mundo uma melhor ideia do seu conteúdo, e, principalmente, do significado da mensagem cristã.

Isso significou, inevitavelmente, a interpenetração de dois mundos, criando-se uma complexa síntese do pensamento cristão e grego. Ou seja, o Cristianismo impregnado de categorias gregas.

Somos, então, colocados diante de um enigma: porque e como o Cristianismo, originalmente um produto da vida religiosa do Judaísmo tardio, passou por essa completa transformação. E, por outro lado, como o mundo helênico veio a cristianizar-se.

O primeiro passo para decifrar o enigma vem da recordação da citada afirmativa do Apóstolo Paulo, de que, andando pelas ruas de Atenas, encontrou, a cada passo, sinais de um povo temente a Deus. Em seu "Édipo em Colonus", Sófocles diz, praticamente, a mesma coisa: naquela cidade, o sentimento religioso tinha raízes profundas.

Em segundo lugar, os dois lados devem ter finalmente reconhecido que, por baixo de suas diferentes formas de sentir e exprimir-se, havia um recôndito desejo de unidade, um núcleo de ideias em comum — que Santayanna denomina de humanista. Houve, então, o encontro dos dois sistemas de ideias universalistas (católicas).

Terceiro, se a Paideia grega incorporava os ideais da Cultura grega (inclusive Literatura, Filosofia), para o Cristianismo (considerar Gregório de Nyssa, por exemplo), a Paideia cristã encontra sua expressão na Bíblia, cuja função essencial é formar (*morphosis*) o homem. E "a forma é Cristo". A Paideia do cristão é a imitação — nele, o homem assume sua forma.

Lembrando: toda a Bíblia é inspirada pelo Espírito (não literalmente, claro, mas em suas ideias). Por isso, o Espírito é o "Educador divino", que reconhece a natureza finita do ser humano, e procura levá-lo ao mistério divino pela forma mais apropriada.

PARTE IV

A universalização do Cristianismo (I) — Odisseia de Paulo

INTRODUÇÃO:

Paulo — o apóstolo, o missionário e, principalmente, o "homem de Deus"

Paulo é conhecido, principalmente, como o Grande Missionário — o Apóstolo que, através da fundação de Igrejas, levou (com seus companheiros) o Cristianismo, de Jerusalém (mais exatamente: Antioquia da Síria) até a Europa.

Importante salientar, entretanto, que essa figura excepcional do Cristianismo nascente, homem culto e, também, tecelão (fabricante de tendas) era, antes de tudo, um "Homem de Deus".

Síntese de sua vida apostólica, três principais aspectos devemos assinalar.

Primeiro, sua visão de uma "Igreja Universal", em que se sentissem iguais judeus e gentios, escravos e senhores, homens e mulheres. Habitantes da Palestina, da Grécia e da Espanha. Em uma palavra, todo o mundo conhecido.

Em segundo lugar, sua preocupação com a fundação de novas Igrejas e, também, com a situação das Igrejas criadas, por ele ou por outros. Situação causada por problemas éticos, doutrinários ou disciplinares.

Terceiro, a Estratégia que foi construindo, de concentrar-se em grandes cidades sob influência romana.

Em síntese, pode-se dizer que sua Odisseia Missionária, iniciada em Chipre, foi-se voltando, através da Síria, Cilícia, Ásia Menor, Grécia, Macedônia, na direção da Europa.

Odisseia de Paulo: primeira missão (Chipre e Ásia Menor)

"E Zeus disse: "minha filha, de que você está falando? como poderia eu esquecer Odysseus, logo o mais sábio homem na terra e o mais generoro em suas oferendas para os deuses imortais que vivem no céu?

"Lembre-se, porém, que Poseidon ainda está furioso com Odysseus, por ter cegado um olho de Polyphemus, rei dos cyclodes (e filho de Poseidon com a ninfa Toosa). em consequência, conquanto não vá matar Odysseus abruptamente, ele o fica atormentando, impedindo-o de voltar para o lar.

"Por isso, vamos colocar nossas mentes para funcionar em conjunto, a fim de ver como podemos ajudá-lo. Poseidon, então, se acalmará, pois se estivermos (os deuses) todos de acordo, dificilmente ele se levantará contra nós".

HOMERO, "A ODISSEIA"*, LIVRO I

---

* Edição da Barnes & Noble, Nova York, EUA, 1993.

À CONQUISTA DO NOVO MUNDO
MISSÃO EM CHIPRE: SALAMINA E PAFOS

Antioquia era a terceira cidade do império e capital da Província Romana da Síria, com grande importância comercial e política. Afigura-se, pois, natural, que lá tenha surgido a primeira Igreja cristã de relevo fora do território palestino, após as perseguições havidas em seguida à morte de Estêvão.

No ano 45 d.C., ou seja, cerca de quinze anos após a morte de Cristo, a igreja de Antioquia, em que se destacavam Paulo e Barnabé, achou ser chegada a hora de enviar a primeira Missão Apostólica. Como viria a escrever Paulo: "Ai de mim se não evangelizar" (Cor. 9,16).

Curiosidade: presente à cerimônia, em que o Conselho de Anciãos tomou a decisão e sempre com os olhos fixos em Paulo, estava um jovem que, trinta anos depois, "na época do Imperador Trajano, será lançado aos leões, no anfiteatro romano". É o futuro Bispo Inácio de Antioquia.

A Missão a Chipre partiu do Porto de Selêucia. Barnabé, Paulo e João Marcos (sobrinho de Barnabé) partiam à conquista do Novo Mundo, começando por Chipre, terra de Barnabé.

A primeira escala, na ilha, foi Salamina (a maior cidade), onde a "população grega se misturara com os fenícios e os judeus das colônias, desde os dias dos Macabeus". Nas diferentes Sinagogas, começou a pregação dos missionários aos judeus da Diáspora, sempre iniciada com a citação dos textos do Pentateuco relativos ao Messias, para apresentar Jesus como o realizador das expectativas judaicas e das tradições dos profetas.

De Salamina, os missionários tomaram a velha estrada romana que conduzia a Pafos (Nova Pafos, a capital). Lá, encontraram o famoso templo de Afrodite, no Monte Amato. Não a Afrodite de Platão, Deusa da beleza e da Graça, mas a "voluptuosa Astarte dos Fenícios" — base do culto Siro-fenício de Baal e Astarte.

Em Nova Pafos residia o Procônsul romano Sérgio Paulo, homem de vasta cultura. A pregação de Paulo e Barnabé teve repercussão na cidade, levando o Procônsul a convidá-los ao Palácio.

Quem falou foi Paulo, que, com a serenidade de um filósofo, começou pelo "Deus em nós" para chegar ao "Deus acima de nós", ao Deus criador, e passar às relações de Deus com os homens, e ao culto devido a Deus. Depois, mensagem de Cristo e a Ressurreição de Cristo, o único Kyrios, o único Senhor, salvação do mundo.

"CRISTÃOS QUE SE BEIJAM" E O "CREPÚSCULO DOS DEUSES"

O Procônsul, embora impressionado, quis ouvir também o outro lado. E, assim, deu a palavra a Bar-Jesus, um sábio judeu, mago, teósofo culto, versado nas doutrinas secretas do Egito, Babilônia, Pérsia. Era, por assim dizer, o representante do ocultismo oriental, que abrangia até a literatura ocultista grega.

Paulo, passando os olhos do Procônsul para o mago, disse-lhe:

"Homem cheio de todas as astúcias e de toda a iniquidade, inimigo de toda a Justiça, quando é que cessarás de perverter os retos caminhos do Senhor? Mas agora a mão do Senhor está sobre ti: vais ficar cego, e, durante algum tempo, não hás de ver o sol".

No mesmo instante, caíram sobre o mago o nevoeiro e as trevas, e, voltando-se para todos os lados, procurava alguém que o guiasse, pela mão.

O episódio abriu os olhos do Procônsul Sérgio Paulo e preparou o caminho para a sua conversão.

E abriu também os olhos de muitos outros, na aristocracia romana. Pois a verdade é que o ocultismo oriental, com sua roupagem de teosofia, grassava livre nos diversos escalões da sociedade, e o Cristianismo teve de enfrentá-lo para alcançar os corações e mentes.

Nesse episódio, a alma de Paulo parece, igualmente, estar-se despedindo daquele ardor semítico dos profetas do Antigo Testamento, sob o influxo da Graça. E, com isso, Saulo passou a Paulo (seu nome romano), exclusivamente.

MISSÃO À ÁSIA MENOR: NA REGIÃO DOS GÁLATAS

Paulo em Antioquia (da Psídia)

A Ásia Menor iria tornar-se um ponto de inflexão nas missões de Paulo, pois de lá, mais tarde, terminaria buscando os caminhos de Roma, seu destino final.

Estamos na Galácia — região extensa (hoje Turquia), e que devia o nome (derivado de Gália) aos gauleses ou celtas que ali se haviam estabelecido. À época, constituía uma Província Romana, povoada de tribos de celtas, frígios, psídios, ligaônios. População, em geral, grega, mas governada pelo Império Romano (antigos veteranos, em geral).

No outono do ano 45 d.C., os missionários iniciam a escalada da região montanhosa das gargantas do Rio Tauro.

Do lado de cá, Tarso (terra de Paulo) e Antioquia da Síria — cerca de 80 metros acima do nível do mar.

"CRISTÃOS QUE SE BEIJAM" E O "CREPÚSCULO DOS DEUSES"

Do lado de lá, Antioquia da Psídia (1200m), Icônio (1030m), Listra (1230m).

Antioquia da Psídia era uma cidade santa, dedicada ao culto de seu Deus local, Lunus (Deus da Lua, para os romanos). Foi esse Deus Lunus que os recebeu, na porta da cidade, na pessoa de uma imagem apoiada sobre uma lança. A ele haviam os gálatas, provenientes da região do Reno, sacrificado seu culto druida.

Logo na primeira noite, ao chegar, os missionários tiveram a percepção de que, à luz de fogueiras, na cidade se desenrolavam estranhas cerimônias, em que os gentios celebravam o culto da Lua, do Sol, das Estrelas, inclusive na Acrópole de Antioquia.

No sábado, no bairro judeu, Paulo e Barnabé (João Marcos não estava mais com eles) dirigem-se à Sinagoga. No portal, a inscrição "templo dos judeus". A audiência era constituída de judeus e gentios "tementes a Deus". No centro, sobre um tablado, encontra-se o púlpito para a Leitura. As mulheres estão todas sentadas de um lado, por trás de umas grades de madeira.

Como os dois Escribas (Paulo e Barnabé) haviam tido a sua chegada muito difundida, após a Leitura de um dos rolos da Sagrada Escritura, Paulo, como Doutor da Lei, é chamado a falar.

Paulo de Tarso, naturalmente, começou evocando o modo como Deus conduzira Israel no Antigo Testamento, preparando-o para a vinda do Messias.

Ao referir-se a Davi, "um homem próximo ao meu coração, fala de sua descendência, com foco em Jesus. E salienta sua rejeição em Jerusalém, explicando como se haviam cumprido em Cristo as profecias da morte redentora do Messias".

E recita o Salmo 21, composto, segundo a tradição, mil anos antes:

"Meu Deus, meu Deus, por que me abandonaste (...)

Eu sou um verme, e não um homem,

Opróbrio de todos e a abjeção da plebe (...)

Dividiram entre si as minhas vestes,

E sobre a minha túnica lançarem sortes".

Paulo, então, em lugar de dar ao Salmo o tom nacionalista habitual (que procurava suscitar a rebelião contra os opressores), explica como, na sua trágica ignorância, haviam os Escribas e Fariseus entregue Jesus ao Governador romano. Mas, com isso, pela vontade do Senhor, se havia realizado o Plano Divino de Salvação. E, por ironia também divina, Pilatos mandara colocar na cruz a inscrição: "I.N.R.I." — "Jesus de Nazaré, Rei dos Judeus".

Em seguida, explicou que a vinda do Messias não fora apenas para trazer Deus ao povo judaico, mas também para realizar o sonho dos profetas, de conversão de todos os povos.

Como diz, ainda, o Salmo 21:

"Hão de lembrar-se do Senhor e a Ele converter-se

Todos os povos da Terra,
E diante Dele se prostrarão
Todas as famílias das Nações.
Porque a realeza pertence ao Senhor,
E Ele impera sobre todas as Nações."

Os líderes da Sinagoga logo perceberam duas coisas. De um lado, o que o Senhor espera do povo de Israel é algo muito mais amplo do que pensávamos. De outro: "Ele não estabelece qualquer diferença entre nós e eles." O que tem dois sentidos: somos do mesmo nível dos romanos. Mas temos de ver a Lei de outra forma — os gentios são iguais a nós.

Existe Lei. Mas também existe Graça, e com isso a Lei ganha outro sentido.

No sábado seguinte (Sinagoga lotada e gente de fora), após Barnabé haver falado (em seu tom afetuoso e cativante), Paulo lembrou Isaías (cap. 49):

"Nações, ouvi-me, prestai-me atenção, ó povos distantes (...). Disse-me Iaweh: Não basta que sejas meu Servo para restaurar as tribos de Jacó e reconduzir os fugitivos de Israel. Eu te constituí luz das Nações para que sejas a salvação até os confins da Terra."

Em seguida, Paulo se volta para Cristo, sua Ressurreição e suas últimas palavras. Que significam: "Em Cristo não há diferença alguma entre judeu e gentio, senhor e escravo, homem ou mulher. Todos somos um em Cristo (Gál. 3,28)."

O que era de esperar aconteceu. Pandemônio.

Tumulto que continuou durante bastante tempo, e os dois Apóstolos não mais puderam pregar na Sinagoga.

Mas, ao final de tudo, estava fundada a primeira Igreja dos Gálatas, "constituída na maior parte por gentios convertidos ao Cristianismo".

Gentios que refletiam sobre a debilidade das lendas sobre o Pai dos Deuses, Júpiter, "sempre à busca de novas aventuras amorosas, e sobre a mãe dos Deuses, Cibele, desfeita em lágrimas por causa de seu amado Átis, que fora despedaçado por um javali e depois ressuscitara. E cuja imagem era banhada no rio pelos sacerdotes e a seguir transportada num carro puxado por burros e mostrada ao povo em troca de algumas moedas".*

---

* Ver Josef Holzner, "Paulo de Tarso", Ed. Quadrante, São Paulo, 2008.

A universalidade do Cristianismo:
O concílio de Jerusalém

Antecendentes: Tiago ("o menor") e a Igreja de Jerusalém

Sob a liderança carismática de Tiago, o menor (parente próximo de Jesus), grande parte da Igreja de Jerusalém havia levantado uma questão que passou a ser um divisor de águas no Cristianismo emergente.

Cristo, ressuscitado, havia dito que os Apóstolos levassem suas palavras a todos os povos. Ou seja, que o Cristianismo fosse universalizado.

Mas, em que condições?

Tiago e seus liderados diziam que estritamente de acordo com a Lei de Moisés, inclusive no tocante à circuncisão.

Grande era a influência de Tiago, por ser ele muito piedoso (vivia no Templo), pela sua figura de eremita, entrando no caminho da lenda: "O cabelo caía-lhe em longas madeixas sobre os ombros, sem nunca ter sido tocado por tesoura." Celibatário, consagrara-se a Deus por toda a vida.

Mas estritamente dentro de sua visão, que separava judeus-cristãos de gentios-cristãos e fazia a Igreja de Jerusalém assemelhar-se a uma seita judaica piedosa.

Tiago, "o Justo", era tido como autor de milagres. "Ninguém se atrevia a atacá-lo, fossem Fariseus ou Saduceus, judeus rígidos ou liberais, ou o próprio Herodes Agripa."

É como se fosse colocada a opção: Antiga Aliança ou Nova Aliança? Tiago e seus seguidores, na prática, embora cristãos, viviam sob a égide da Antiga Aliança.

Pedro guardava silêncio e adiava a decisão, enquanto as coisas seguiam o seu curso.

Chegou, então, a Jerusalém a notícia de que Paulo e Barnabé estavam de volta a Antioquia (da Síria), após cumprida a primeira viagem. Os seguidores de Tiago enviaram a Antioquia os seus mensageiros.

Recebidos com toda consideração, logo se manifestou a controvérsia.

Os adeptos de Tiago tornaram clara a sua posição: lavavam as mãos depois de cumprimentar um pagão-cristão, nunca aceitavam convite para ir à casa de gentios, consideravam inválidos os casamentos mistos, consoante a Lei de Moisés. Finalmente, no ágape da tarde de sábado, sentados à parte, falaram: "Se não vos circuncidardes segundo o rito de Moisés, não podereis ser salvos."

Ora, Paulo e Barnabé davam aos gentios convertidos o tratamento de "santos, eleitos, filhos de Deus, cidadãos".

Por isso, seguiu-se muita confusão e uma controvérsia bastante viva entre Paulo e Barnabé contra eles.

Evangelho de Paulo

A seguir, Paulo procurou deixar bem clara sua visão:

"Nós somos judeus de nascimento, e não pecadores entre os gentios; sabendo, entretanto, que o homem não se justifica pelas obras da Lei, mas pela fé em Jesus Cristo, nós também cremos em Cristo Jesus, para sermos justificados pela fé em Cristo e não pelas obras da Lei, porque pelas obras da Lei ninguém será justificado.

"E se, procurando ser justificados em Cristo, nós também nos revelamos pecadores, não seria então Cristo ministro do pecado? De modo algum.

"Se volto a edificar o que destruí, então, sim, eu me demonstro transgressor. De fato, pela Lei morri para a Lei, a fim de viver para Deus. Fui crucificado junto com Cristo."

"Já não sou eu que vivo, mas é Cristo que vive em mim. Minha vida presente na carne, vivo-a pela fé no Filho de Deus, que me amou e se entregou a si mesmo por mim. Não invalido a graça de Deus, porque se é pela Lei que vem a Justiça, então Cristo morreu em vão" (Gálatas).

O *concílio de Jerusalém*

A controvérsia trazia à tona um problema que, efetiva-mente, existia: era a Igreja de Cristo, de fato, universal? Ou havia duas classes de cristãos: os judeus-cristãos e os gentios-cristãos? No fundo, o problema de "classes de cristãos" existe até hoje.

Em Antioquia, configurou-se a situação, que tinha caráter religioso e social. Religioso, porque se tratava de exigir ou não que os gentios cumprissem a Lei de Moisés, com suas prescrições e ritos. Social, porque existia também a questão da sociabilidade — de ir ou não à mesa com eles, de convivência, em geral.

Qual o verdadeiro significado da expressão "Povo de Deus"?

"A dificuldade consistia no seguinte: o Ressuscita-do ordenara que os Apóstolos comunicassem a "Boa Nova" a todos os povos, mas não indicara quais as condições em que os gentios poderiam ser admitidos na Igreja. Permaneciam na sombra as circunstâncias em que teriam de realizar essa missão. Ainda não se tinha esclarecido se a visão de Pedro em Jope sugeria uma norma de caráter geral ou somente se aplicava a situações excepcionais".

A Comunidade de Jerusalém queria resolver o pro-blema gradualmente. Mas havia muitos judeus-cristãos (principalmente antigos Fariseus e Saduceus) que diver-giam, querendo um Cristianismo próximo do Judaísmo.

"CRISTÃOS QUE SE BEIJAM" E O "CREPÚSCULO DOS DEUSES"

Por outro lado, a Igreja de Antioquia (e os cristãos-gentios, em geral) queriam liberdade (e igualdade), desde que dentro da visão de Jesus Cristo.

A solução óbvia foi que Paulo, Barnabé e mais alguns outros subissem a Jerusalém, para consultar, sobre essa questão, Pedro, os demais Apóstolos e os Anciãos.

O Concílio (Sínodo) de Jerusalém se realizou, provavelmente, no ano 48 d.C.

Depois de longa discussão, Pedro ergueu-se e falou:

"Irmãos, sabeis que Deus me escolheu desde os primeiros dias para que os gentios ouvissem da minha boca a palavra da Boa Nova e abraçassem a fé. E Deus, que conhece os corações, testemunhou a favor deles, concedendo-lhes o Espírito Santo como a nós. Não fez qualquer distinção entre eles e nós, visto ter purificado o seu coração pela fé. Mais ainda: é pela graça de Jesus Cristo que acreditamos que seremos salvos, exatamente como eles."

Em seguida, falaram Barnabé (importante, por ser da confiança da Igreja de Jerusalém) e Paulo.

Paulo seguiu a linha de Pedro, ampliando-a com a sua experiência entre os gentios.

Como cabia, começou pela colocação:

"Somos o povo eleito. Sim, eleito para levar a palavra de Cristo a todas as nações, como está na visão dos profetas."

E citou a visão de Isaías sobre Jerusalém no coração de um reino messiânico:

"Dias virão em que o monte do Templo do Senhor
Será estabelecido no mais alto das montanhas.
E se alçará acima de todos os outeiros.
A ele afluirão todas as nações,
Muitos povos virão, dizendo:
"Vinde, subamos à montanha do Senhor,
À casa do Deus de Jacó,
Para que Ele nos instrua a respeito de seus caminhos,
E assim andemos nas suas veredas."

Depois, ampliou a ideia da universalização do Cristianismo, falando de sua missão e das missões que os Apóstolos poderiam promover, às terras gregas e a todo o Império Romano. Lembrou que, para isso, havia o Mediterrâneo e as estradas romanas.

Concluiu: "É fácil amar um judeu. Ele é como nós. Mas, com Cristo, vamos aprender com os gentios, que são diferentes de nós. Sabem coisas diferentes de nós e vamos perder os preconceitos que temos. Que não deveríamos ter".

Quando Tiago se ergueu para falar, grande era a expectativa. Mas Tiago preferiu seguir a linha de Pedro:

"Irmãos, escutai-me. Simeão* acaba de expor-nos como Deus se dignou, desde o início, escolher dentre os gentios um povo dedicado ao seu nome. Com isto concordam as palavras dos profetas, segundo o que está escrito:

---

* Nome semítico de Simão Pedro.

"Depois disso voltarei
E reedificarei a tenda caída de Davi,
Reconstruirei as suas ruínas e a reerguerei,
A fim de que o resto dos homens procure o Senhor;
Assim como todas as nações dedicadas ao meu nome,
Diz o Senhor que faz estas coisas conhecidas desde sempre."

"Eis porque, pessoalmente, julgo que não se devam molestar aqueles que, dentre os gentios, se convertem a Deus. Mas se lhes escreva que se abstenham do que está contaminado pelos ídolos, das uniões ilegítimas, das carnes sufocadas e do sangue. Com efeito, desde antigas gerações tem Moisés em cada cidade seus pregadores, que o leem nas Sinagogas todos os sábados."

Então, pareceu bem aos Apóstolos e Anciãos, e a toda a Assembleia, enviar à Igreja de Antioquia uma mensagem, através de alguns representantes que acompanhariam Paulo e Barnabé.

O texto da mensagem foi:

"Os Apóstolos e os anciãos, vossos irmãos, aos irmãos dentre os gentios que moram em Antioquia, na Síria e Cilícia, saudações. Tendo sabido que alguns dos nossos, sem mandato de nossa parte, saindo até vós, pertubaram-vos, transtornando vossas almas com suas palavras, pareceu-nos bem, chegados a pleno acordo, escolher alguns representantes e enviá-los a vós junto com nossos diletos Barnabé e Paulo, homens que expuseram suas vidas pelo nome de nosso Senhor, Jesus Cristo. Nós vos enviamos, pois, Judas e Silas, eles também transmitindo, de viva voz, esta mesma mensagem. De fato, pareceu bem ao Espírito Santo e a nós nãos vos impor nenhum outro peso além destas coisas necessárias: que vos abstenhais das carnes imoladas aos ídolos, do sangue, das carnes sufocadas, e das uniões ilegítimas. Fareis bem preservando-vos destas coisas. Passai bem."

Conclusão: o Concílio de Jerusalém terminou por definir a forma que o Cristianismo iria assumir, a partir daí. E desde então o sinal de entrada passaria a ser o batismo (e não mais a circuncisão).

O ENIGMA DE ANTIOQUIA E A QUESTÃO JUDEU-GENTIO: PEDRO E PAULO

Até hoje se procura a interpretação correta do chamado "incidente em Antioquia", ou "Enigma de Antioquia".

Vejamos os fatos.

Pouco depois da ida de Paulo e Barnabé a Jerusalém, Pedro fez uma visita a Antioquia (Síria), e, inicialmente, tudo correu bem, porque Pedro, seguindo o exemplo de Paulo, convivia normalmente com os gentios cristãos. Ou seja, integrou-se à Comunidade.

Entretanto, mais tarde, um grupo de judeus conservadores, ligados a Tiago, veio a Antioquia e interpelou Pedro sobre esse tipo de comportamento.

A questão que se coloca não é a da convivência de Pedro com cristãos gentios. É, sim, a de saber, como antes mencionado, se havia aceitação do principal Apóstolo ("Tu és Pedro, e sobre essa pedra edificarei minha Igreja") à ideia de duas classes de cristãos — cristãos perfeitos e cristãos imperfeitos (judeus-cristãos e judeus-gentios).

Surge, então, o "Enigma de Antioquia", que, aliás, não aparece nos Atos dos Apóstolos.

A visão de Paulo é conhecida (Gálatas):

"Mas quando Cefas (Pedro) veio a Antioquia, eu o enfrentei abertamente, porque ele se tornara digno de censura. Com efeito, antes de chegarem alguns vindos da parte de Tiago, ele comia com os gentios, mas, quando chegaram, ele se subtraía e andava retraído, com medo dos circuncisos (grifo nosso). Os outros judeus começaram também a fingir junto com ele, a tal ponto que até Barnabé se deixou levar pela hipocrisia (grifo nosso).

"Mas quando vi que não andavam retamente segundo a verdade do Evangelho, eu disse a Pedro diante de todos: "Se tu, sendo judeu, vives à maneira dos gentios e não dos judeus, por que forças os gentios a viverem como judeus?"

O que está acontecendo?

A "Bíblia de Jerusalém" procura a conciliação:

"Em si, a atitude de Pedro podia justificar-se em outras circunstâncias. Paulo agirá da mesma forma (Atos 16: Paulo em Listra, circuncisão de Timóteo, filho de judia e grego). Mas nestas, ela dava a entender que só os judeus convertidos praticantes da Lei eram verdadeiros cristãos, e levava assim a constituir duas Comunidades estranhas uma à outra, mesmo na celebração da Ceia Eucarística."

"CRISTÃOS QUE SE BEIJAM" E O "CREPÚSCULO DOS DEUSES"

A verdade é que, nos primeiros anos do Cristianismo, Lei (mosaica) e Graça estão com frequência a atritar-se. Porque na Lei havia um elemento religioso e outro apenas ritualístico.

É preciso voltar a Cristo, e ao amor que d'Ele emana, para construir-se uma Comunidade cristã única.

Odisseia de Paulo:
segunda missão
O Cristianismo chega à Europa:
Macedônia e Grécia

PAULO NA MACEDÔNIA: FILIPOS

Evangelho na Europa — pelas mãos de mulheres

Depois de visitar as Igrejas criadas em sua primeira Missão, Paulo chegou a Filipos, na Macedônia, acompanhado de dois discípulos: Silas, que o acompanhava desde Antioquia (Síria) e Timóteo, que a ele se juntara em Listra (Cilícia) e com quem tinha relação de pai e filho. Dessa missão também veio a participar Lucas (o Evangelista), que, além do mais, trouxe a vantagem de ser médico e poder cuidar do problema de saúde que perseguia Paulo (provavelmente malária).

Timóteo foi importante na vida de Paulo. Filho de judia crente e pai grego, terminou sendo circuncidado por Paulo, presumivelmente pelo fato de que este, em suas missões a diferentes cidades, sempre se apoiava em Sinagogas (embora depois passasse a pregar também aos gentios). E é fácil de imaginar a reação que haveria, em cada local, ao fato de Paulo estar acompanhado de um discípulo judeu não circuncidado.

Mas, porque estavam na Macedônia?

No fundo, Paulo sempre alimentou a ideia de estender suas Missões a território europeu. Mas houve, no caso, uma razão específica.

Quando estavam em Trôade, Paulo, durante a noite, teve uma visão: um macedônio apareceu a seu lado, fazendo um apelo:

"Passa à Macedônia, e vem ajudar-nos."

Filipos, como Corinto, era uma Colônia Romana. Lá é que houve a vitória de Marco Antonio e Otávio contra os assassinos de Júlio César (em 42 a.C., na Batalha de Actium). Filipos foi transformada em típica cidade romana, por Otávio e veteranos da batalha. E passou a denominar-se "Colonia Julia Augusta Philippensis (Philippi)".

Como na cidade não havia uma Sinagoga (nem no sentido físico nem no sentido de Comunidade), Paulo teve que adotar uma nova forma de conduzir a Missão. Lucas descobriu, fora dos muros de Filipos, um lugar destinado a orações, perto do Rio Gangas. Para lá, então, se destinaram os missionários, no primeiro sábado.

Havia uma praça, cercada por um muro baixo, mas, para sua surpresa, ali só encontraram algumas mulheres, "em parte judias, em parte gentias, entregues às orações da manhã".

No grupo, destacava-se, pelo seu vivo interesse religioso e forte personalidade, uma senhora, Lídia

"CRISTÃOS QUE SE BEIJAM" E O "CREPÚSCULO DOS DEUSES"

— gentia temente a Deus, comerciante bem-sucedida, que, após a morte do marido, passou a dirigir o estabelecimento ("negociando em púrpura", então tecido precioso).

Foi esse o público com o qual Paulo iniciou a Missão. Dentro em pouco, estavam batizados não apenas Lídia como todos que com ela viviam. E, por sua insistência, os missionários passaram a hospedar-se em sua casa (um espaçoso sobrado). "Se julgais que sou fiel ao Senhor, entrai em minha casa e ficai nela", disse.

Ali se iniciou uma Comunidade cristã. E assim a "Boa Nova" penetrou na Europa pelas mãos de mulheres, e principalmente de uma mulher. E não solenemente, como no Areópago, diante de filósofos.

Mulheres.

A mulher na Samaria.

As mulheres em torno da Cruz.

A mulher que, primeiro, viu Cristo ressuscitado.

Talvez por isso é que nenhuma Comunidade foi tão amada por Paulo como Filipos.

E, nessa cidade, foi ainda uma mulher que deu origem ao próximo desdobramento da Missão.

No caminho para o local onde os missionários se reuniam, como alternativa à casa de Lídia, havia uma jovem escrava, necromante, que frequentemente se comunicava com o mundo dos espíritos, provavelmente a serviço de uma corporação de sacerdotes pagãos.

Um dia, ao ver Paulo passar, gritou: "Esses homens são servos do Deus Altíssimo, que vos anunciam o caminho da salvação."

Paulo teve a percepção da estranheza de tal situação: uma necromante, possuída por um anjo negro, a exaltar a chegada de missionários cristãos.

Encaminhou-se para ela e, diante de todos, gritou para o anjo negro que deixasse a jovem escrava.

Nela, a fisionomia se alterou, e lágrimas lhe desceram pela face. Estava livre.

Mas, na cidade, a reação não se fez esperar. Os sacerdotes pagãos, percebendo as consequências do que acontecera, mobilizaram a população pagã e as autoridades contra os missionários cristãos: "Esses homens amotinam a nossa cidade, sendo judeus. Pregam um gênero de vida que não nos é lícito admitir nem praticar, sendo romanos."

De certo modo, foi o primeiro choque do Cristianismo emergente com o modo de ser romano. Prenúncio de choques maiores.

"Depois de açoitados, Paulo e Silas foram levados à prisão, por ordem das autoridades, e lançados em celas cavadas na própria rocha. Seus pés e mãos foram acorrentados, tal como o pescoço.

"Das celas vizinhas escapavam pragas, gritos, lamentações e gemidos." A noite avançou.

Mas, depois da rendição da guarda, no começo da terceira vigília da noite, um canto se fez ouvir, originário da cela dos prisioneiros cristãos:

"Quando o Senhor reconduziu os cativos de Sião,
Estávamos como pessoas que sonham.
Em nossa boca só havia expressões de alegria,
E em nossos lábios um cântico de triunfo.
Entre os pagãos dizia-se:
"O Senhor fez por eles grandes coisas."
Sim, o Senhor fez por nós grandes coisas;
Ficamos exultantes de alegria.
Mudai, Senhor, a nossa sorte,
Como as torrentes nos desertos do Sul.
Os que semeiam entre lágrimas
Colherão com alegria.
Na ida caminham chorando
Os que levam a semente a espargir.
Na volta, virão com alegria,
Quando trouxerem os seus feixes."
Depois, silêncio.
Surpresa, comoção, atordoamento.
De repente, uma explosão. Um terremoto. De início, todo mundo paralisado. Em seguida, observando que os portões se haviam soltado (os caixilhos eram de madeira), Paulo e Silas se foram encaminhando para o pátio, a céu aberto.

Os Apóstolos evitaram fugir e procuraram acalmar os outros prisioneiros.

O carcereiro, na ideia de que todos haviam escapado, tomou a espada para matar-se.

Paulo, porém, com voz forte gritou: "Não te faças mal algum. Estamos todos aqui."

Então, o carcereiro parou para pensar. E, vendo a tranquilidade dos cristãos diante do terremoto, intuiu:

"Quem me dera estar também sob a proteção de um tal Deus." Porque, na prática os seus deuses em nada influenciavam sua vida. Não havia uma relação interior com eles. Era tudo um mero gestual.

Por isso, falou:

"Por favor, que é necessário fazer para que eu também me salve?"

Toda a família do carcereiro cercou Paulo e Silas, no pátio junto à fonte, iluminado apenas pelas estrelas.

Paulo, com as roupas ainda manchadas de sangue, faz um gesto para que todos se sentassem, e, apesar do cansaço e do tumulto das emoções, começa a narrar a história de Jesus, o Cristo. Cristo dos judeus e Cristo dos gentios. E concluiu falando do batismo. A porta de entrada.

Ao final, o carcereiro indagou: "Senhor, há algo que nos impeça de receber o batismo imediatamente?"

O Apóstolo hesitou um momento, mas respondeu:

"Não. Crê no Senhor Jesus, e serás salvo, tu e tua família."

O sol ia começando a nascer quando o carcereiro, com a água da fonte, foi batizado com toda a família. Depois lavaram as feridas de Paulo e os seus, e os levaram até em casa, para comer.

Paulo, cidadão romano

No dia seguinte, logo cedo, as autoridades fizeram um balanço de tão estranha noite.

E não lhes escapou que a surra de varas que Paulo e Silas haviam levado tinha sido um inexplicável abuso. Abuso pelos que a haviam praticado. E abuso, certamente, pelas próprias autoridades, que haviam coonestado toda a violência praticada contra os visitantes.

Caindo em si, atentaram ainda para o fato de que Paulo e Silas não haviam deixado a prisão, depois do terremoto, apesar de os portões estarem abertos.

Apressaram-se, então, a mandar instruções ao carcereiro:

"Põe esses homens em liberdade."

A resposta de Paulo foi um duplo choque:

"Sou um cidadão romano. Tive meus direitos desrespeitados: fui açoitado com varas, ilegalmente. E depois recolhido à prisão, ilegalmente."

"Não irei sair da prisão às escondidas, como um ladrão. Desejo que as autoridades venham até aqui e me acompanhem à vista de todos."

Vieram as autoridades, e conduziram Paulo e Silas até a casa de Lídia, em Tiatira, onde estavam reunidos os irmãos, em oração. E ali se constituiu nova Comunidade, sob a direção de Lucas.

Mais tarde (Tessalonicenses, 2), Paulo haveria de escrever: "Depois de termos sofrido e tolerado afrontas em Filipos, como sabeis, tivemos confiança em nosso Deus para vos pregar o Evangelho de Deus, no meio de muitos obstáculos."

"Nenhuma comunidade foi tão amada por Paulo como a de Filipos": uma comunidade no céu

Por ter sido a primeira Igreja por ele fundada na Europa? Pelas violências ali sofridas, e que criaram laços fortes de afeto? Pela comunicação não interrompida?

O certo é que o Apóstolo "oferece a esses cidadãos (Filipenses) uma Comunidade muito mais elevada que Roma jamais lhes poderia proporcionar".

E a Epístola de Paulo aos Filipenses "contém o mais belo hino que chegou até nós, dos primeiros cem anos da Igreja". Hino de Amor.

Por isso, o Apóstolo, falando do Ungido, lhes oferece "um nome acima de qualquer outro":

"Ele, estando na forma de Deus,

Não usou do seu direito de ser tratado como um deus,

Mas se despojou,

Tomando a forma de escravo.

Tornando-se semelhante aos homens,

E, reconhecido em seu aspecto como um homem.

Abaixou-se,

Tornando-se obediente até a morte,

À morte sobre uma cruz.

Por isso Deus soberanamente o elevou
E lhe conferiu o nome que está acima de todo nome,
A fim de que ao nome de Jesus todo nome se dobre,
Nos céus, sobre a Terra, e debaixo da terra,
E que toda língua proclame que o Senhor é Jesus Cristo,
Para a glória de Deus Pai."

O MESSIAS DIANTE DAS DUAS FACES DE TESSALÔNICA

Paulo e as duas faces de Tessalônica

Extraordinária experiência aguardava Paulo (com Silas e Timóteo) em Tessalônica.

Capital da Macedônia, Tessalônica tinha a marca das cidades gregas, regendo-se por princípios democráticos — na concepção da época. Anualmente, era eleito um Conselho de seis politarcas.

Entretanto, era, essencialmente, cidade industrial (artesanal) e comercial, com uma população cosmopolita: macedônios, gregos, gente da Ásia Menor (área da Turquia atual), judeus, sírios, egípcios.

No bairro judeu, dirigiram-se à casa de Jasão, que lhes fora recomendado. Boa acolhida.

Nos três sábados seguintes, Paulo falou na grande Sinagoga, centro religioso de toda a Macedônia.

"CRISTÃOS QUE SE BEIJAM" E O "CREPÚSCULO DOS DEUSES"

Seu tema era, a partir das Escrituras, a vinda do Cristo (o Messias). Mas não o Messias-rei*, e sim o Cristo que, por amor à humanidade, e para trazer uma Nova Aliança, havia passado por todo o sofrimento da Paixão, morrera na Cruz e ressuscitara.

Cristo era a realização da profecia de Isaias no seu "POEMA DA PAIXÃO", como visto.

A partir daí, passam a manifestar-se as duas faces de Tessalônica.

De um lado, os que se convenceram e se aliaram aos Apóstolos, assim como grande número de adoradores de Deus e gregos, bem como não poucas das mulheres líderes.

Nascia a Igreja de Tessalônica.

De outro, os judeus tradicionalistas reuniram alguns indivíduos perversos, dentre os que frequentavam a praça, e, provocando aglomerações, tumultuaram a cidade.

Foram, então, à casa de Jasão, à procura de Paulo e Silas, para fazê-los comparecer perante o povo. Não os tendo encontrado, arrastaram Jasão e alguns irmãos (cristãos). Para diante dos politarcas, vociferando:

"Estes são os que andaram revolucionando o mundo inteiro. Agora estão também aqui, e Jasão os recebe em sua casa. Ora, todos eles agem contra os decretos de César, afirmando que há um outro Rei, Jesus."

---

* Evitava dar a Cristo o título de *Basileus* (Rei), que pertencia ao Imperador.

Assim agitaram a multidão e os politarcas. Esses, contudo, tendo exigido fiança por parte de Jasão e dos outros, deixaram-nos ir em liberdade.

Por causa desse tumulto, os irmãos induziram logo os Apóstolos a partir, de noite, para Bereia.

Paulo e os Tessalonicenses

As Epístolas de Paulo aos Tessalonicenses mostram como ele permaneceu ligado à Comunidade.

Na primeira Epístola, Paulo diz:

"Sabemos, irmãos amados de Deus, que sois do número dos eleitos — porque o nosso Evangelho nos foi pregado não somente com palavras, mas com grande eficácia no Espírito Santo e com toda convicção."

Depois lhes fala da Fé dos tessalonicenses, do Amor e da Esperança.

A seguir, em forma poética, lhes entoa um canto, sobre tema que sabia de importância para eles:

OS MORTOS E OS VIVOS NA VINDA DO SENHOR

"IRMÃOS, NÃO QUEREMOS QUE IGNOREIS
O QUE SE REFERE AOS MORTOS,
PARA NÃO FICARDES TRISTES COMO OS OUTROS
QUE NÃO TÊM ESPERANÇA;
"SE CREMOS QUE JESUS MORREU E RESSUSCITOU,

ASSIM TAMBÉM OS QUE MORRERAM EM JESUS,
DEUS HÁ DE LEVÁ-LOS EM SUA COMPANHIA.
"POIS ISTO VOS DECLARAMOS,
SEGUNDO A PALAVRA DO SENHOR:
QUE OS VIVOS, OS QUE AINDA ESTIVEREM AQUI
PARA A VINDA DO SENHOR,
NÃO PASSAREMOS À FRENTE DOS QUE MORRERAM.
"QUANDO O SENHOR, AO SINAL DADO,
À VOZ DO ARCANJO E AO SOM
DA TROMBETA DIVINA,
DESCER DO CÉU, ENTÃO OS MORTOS EM CRISTO
RESSUSCITARÃO PRIMEIRO;
EM SEGUIDA, NÓS, OS VIVOS QUE ESTIVERMOS LÁ,
SEREMOS ARREBATADOS COM ELES NAS NUVENS.
PARA O ENCONTRO COM O SENHOR, NOS ARES,
E ASSIM ESTAREMOS PARA SEMPRE COM O SENHOR.
CONSOLAI-VOS, POIS, UNS AOS OUTROS COM ESTAS PALAVRAS."

GRÉCIA: INTERLÚDIO EM ATENAS — O "DEUS DESCONHECIDO"

A Atenas que Paulo conheceu

Levado, pelo mar, a Atenas, Paulo ali iria passar por duas experiências excepcionais.

Primeiro, a de poder mergulhar no espírito daquela cidade que, embora decadente, era, ainda, o símbolo da Paideia grega.

Depois, a tarefa, virtualmente impossível, de levar a ideia de um Deus ressuscitado a uma Assembleia de filósofos cuja cultura acreditava na imortalidade da alma, mas rejeitava a ressurreição do corpo.

Atenas, à época, era Província Romana, como era toda a Grécia, após a queda de Corinto, em 146 a.C. E a Grécia que Paulo encontrou não era mais a "hélade ciosa de sua liberdade. A Grécia das guerras persas ou do século de Péricles, nem sequer a Grécia dominada

"CRISTÃOS QUE SE BEIJAM" E O "CREPÚSCULO DOS DEUSES"

pela Macedônia e ainda banhada pelos reflexos da glória de Alexandre Magno".

A despeito disso, Atenas mantinha a sua atração: todo romano culto se sentia obrigado a conhecê-la bem e, mesmo, lá estudar.

É o caso de Cícero, Ovídio, Horácio, Virgílio. E, por outro lado, César, Antônio, Pompeu, Augusto.

Nas suas andanças, após alojar-se no bairro dos oleiros, Paulo visitou não só a Acrópole mas tudo que era indispensável ver (aí incluído, possivelmente, o local da prisão de Sócrates).

Uma coisa, em particular, o impressionou: o número de deuses (ídolos) que foi encontrando, em toda parte. A ironia de Petrônio fazia sentido: mais fácil encontrar um Deus em Atenas do que um homem.

Deuses demais, nenhum Deus.

Mas, numa de suas andanças, algo fez Paulo parar, e cair em meditação. Na esquina de uma rua, viu um pequeno altar com a inscrição: "Ao Deus desconhecido."*

Paulo e o "Deus desconhecido"

Não encontrando ambiente propício na Sinagoga, Paulo teve de procurar os gentios e os filósofos, que eram, essencialmente, de duas correntes: os Estoicos e os Epicuristas.

---

* Tempos depois, passamos a saber, por Jerônimo, que outras cidade tinham inscrições como essa, e uma delas dizia: "Aos deuses da Ásia, da Europa e da África, aos deuses desconhecidos e estrangeiros."

Para o estoicismo tardio (época de Paulo), falar de Deus significava falar da sabedoria do universo, que tudo ordena (a "Lei do mundo"), ou "essa misteriosa força oculta que dá a cada ser a sua forma, unidade e capacidade de ação". Alma seria um fluido impessoal, "que se dissolve com o corpo e se perde no universo de que faz parte". Providência seria o destino, "a inexorável Lei do mundo". Orar aos deuses, para quê, se as coisas obedecem às Leis do mundo?

Verdade é que um estoico introduziu a ideia de consciência moral (Menandro). E assim se foi introduzindo no estoicismo a procura do Conhecimento de Deus.

Já os Epicuristas haviam movido uma campanha contra os deuses populares gregos, "mas não negavam que houvesse deuses verdadeiros". "O que lhes parecia mais que duvidoso era que pudessem ou quisessem ajudar-nos. E sobretudo que se ocupassem de nós", na sua quietude olímpica.

Segundo os Epicuristas, "o fim da vida humana consistia na felicidade proporcionada por um moderado bem-estar". Sua corrente principal dizia: "Procura a tua própria felicidade, pois só viverás breve tempo e estarás morto durante muito tempo."

Foi, pois, entre irônicos e céticos que Paulo começou a manter seus contatos.

Como o ouviam falar em "Jesus" e "Ressurreição", frequentemente o chamavam de falastrão.

Entretanto, um belo dia veio o convite: apresentar-se diante do Areópago, o mais importante Senado de Atenas.

"CRISTÃOS QUE SE BEIJAM" E O "CREPÚSCULO DOS DEUSES"

Legado de Atenas, através de sua geografia

No dia anterior a essa apresentação, Paulo quis rever o essencial da geografia de Atenas, para recordar seu legado espiritual ao mundo de então (e de hoje), consubstanciado em sua Filosofia, Arquitetura, Literatura e Ideais Políticos.

Desejando visitar o centro cultural da cidade, subiu ao foco natural de Atenas — a Acrópole e suas imediações. Acrópole, cidadela e santuário, tendo como ponto principal o Partenon, que abrigava a deusa virgem Palas Atenas, que deu o nome à cidade. E que depois veio a servir como Igreja de Santa Maria.

Pouco adiante, chega-se ao Santuário do Erecteiom, com o altar dedicado à deusa Compaixão. Isso mesmo: Compaixão.

Descendo para a avenida à esquerda da Acrópole (hoje Avenida Apóstolo Paulo), pode-se visitar a Colina das Musas e o Pnix, para ver a Eclesia, onde se reunia a Assembleia dos cidadãos atenienses, para ouvir os grandes oradores.

Sócrates, Platão, Aristóteles, Paulo — em busca da verdade universal (católica)

Nessas andanças pelo centro cultural de Atenas, Paulo parou para uma reflexão sobre os pensadores com quem tinha mais afinidade — os que buscavam "uma mais elevada espiritualidade", ou a verdade universal. Isto é, católica, como falavam Platão e Aristóteles ("Ética a Nicômaco", I, 7).

O Apóstolo, ao passar pela prisão de Sócrates, pensou naquele que, condenado à morte por suas convicções (e executado) em 399 a.C., se convertera em símbolo. "A posteridade cristã outorgou-lhe a coroa de mártir pré-cristão, e o grande humanista da época da reforma, Erasmo, incluía-o entre os seus santos."*

Assinale-se a "tenaz busca de Sócrates no sentido de encontrar um ponto firme e estável no mundo moral do homem". "Sócrates visava, com seu questionamento, a essência conceitual de predicados tais como o bom, o belo, o justo, etc., sobre os quais assenta a nossa existência de seres morais, uma outra realidade (diferente da realidade dos fenômenos sensíveis), que não flui, mas que verdadeiramente "é". Quer dizer, permanece imutável.

A sequência, interpretando Platão: "Para Platão, ao contrário dos grandes filósofos da natureza, da época pré-socrática, não é o desejo de resolver o enigma do universo como tal que justifica todos os seus esforços pelo conhecimento da verdade, mas sim a necessidade do conhecimento para a conservação e estruturação da vida. Platão aspira a realizar a verdadeira comunidade, como o espaço dentro do qual se deve consumar a suprema virtude do homem. A sua obra de reformador

---

* Ver "Paideia".

"CRISTÃOS QUE SE BEIJAM" E O "CREPÚSCULO DOS DEUSES"

está animada do espírito educador da socrática, que não se contenta em contemplar a essência das coisas, mas quer criar o bem."

Ainda: "Platão procura encontrar o caminho que conduz a essa meta, ao colocar o problema da essência do saber. Passando pelo fogo purificador da ignorância socrática*, sente-se capaz de chegar mais longe que ela, ao conhecimento do valor absoluto que Sócrates buscara, e de por meio dela restituir à ciência e à vida a unidade perdida" (grifo nosso).

Em seguida, a ideia de que Aristóteles "busca uma adequada percepção de eudaimonia, um termo usualmente traduzido como "felicidade", mas que poderia ser mais bem entendido como "florescimento humano". Existe entendimento geral de que eudaimonia é o "alvo" da escolha humana, e envolve ser ativo. A reflexão, sustenta Aristóteles, revelará que candidatos geralmente escolhidos, como prazer e honrarias, são percepções inadequadas do que eudaimonia é. Ela deve ser entendida como "atividade do espírito segundo completa excelência" (grifo nosso).

"Esse complexo objetivo tem muitos elementos constitutivos. Aristóteles investiga uma longa lista de excelências de caráter (tais como coragem, moderação, generosidade, Justiça), que são, em geral, inclinações estáveis para escolher atividades e para ter respostas que

---

* Lembrando: "Eu só sei que nada sei."

não são nem excessivas nem deficientes em cada área de escolha. Esse padrão "médio" é dado através da observação das escolhas de "pessoas com sabedoria prática". "Ou seja, os paradigmas de excelência humana."

"Excelência de caráter exige e é exigida por sabedoria prática, uma excelência da inteligência." *

Após suas reflexões, Paulo deu um giro em torno de si mesmo e pensou na ida ao Areópago. E lembrou a comoção que sentira ao ver a estátua "ao Deus desconhecido".

---

* Ver "*The Oxford Companion to Classical Civilization*", Oxford University Press (2004).

PAULO NO AREÓPAGO, E O "DEUS DESCONHECIDO"

No Areópago, o Presidente da Assembleia falou:
"Poderíamos saber qual é essa nova doutrina apresentada por ti? Pois são coisas estranhas que nos trazes aos ouvidos. Queremos, pois, saber o que isto quer dizer."

Falava na mesma linha do que os filósofos Estoicos e Epicuristas lhe haviam dito: "Parece um pregador de divindades estrangeiras."*

De pé, então, no centro do Areópago, Paulo começou: "Cidadãos atenienses."

"Vejo que, sob todos os aspectos, sois os mais religiosos dos homens. Pois, percorrendo a vossa cidade e observando os vossos monumentos sagrados, encontrei até um altar com a inscrição: "Ao Deus desconhecido."

Atenção geral.

---

* Segundo a Bíblia de Jerusalém: "Os mesmos termos da acusação feita a Sócrates."

Paulo:

"Ora, bem, o que adorais sem conhecer, isto venho anunciar-vos."

A ninguém mais ocorreria chamá-lo de falastrão. Estavam todos diante de algo novo. E digno de atenção.

O Apóstolo passou, então, ao ponto central de sua mensagem:

"O Deus que fez o mundo e tudo que nele existe, o Senhor do céu e da terra, não habita em templos feitos por mãos humanas. Também não é servido por mãos humanas, como se precisasse de alguma coisa, ele que a todos dá vida, respiração e tudo mais."

Após breve pausa:

"De um só ele fez todo o gênero humano, para habitar toda a face da terra. E fixou a sequência dos tempos e os limites para a sua habitação. Tudo isso para que os homens procurem a Deus e se esforcem para encontrá-lo, mesmo tateando, embora não esteja longe de cada um de nós."

E aprofundou-se:

"É n'Ele, realmente, que vivemos, nos movemos e existimos, como também disseram alguns dos vossos poetas: "Pois somos também de sua linhagem."

"Se somos da linhagem de Deus, não podemos pensar que a divindade é semelhante ao ouro, à prata, ou à pedra, trabalhados pela arte e engenho do homem."

E a conclusão — o ponto mais importante e mais perigoso:

"CRISTÃOS QUE SE BEIJAM" E O "CREPÚSCULO DOS DEUSES"

"Por isso, sem ter em conta esses tempos de ignorância, Deus faz agora saber a todos os homens, em toda parte, que se devem arrepender de seus erros, porque ele já fixou um dia no qual julgará o mundo, com Justiça, por meio do Homem a quem designou, dando-lhe credibilidade diante de todos, ao ressuscitá-lo dentre os mortos."

Ao ouvi-lo falar da ressurreição dos mortos, alguns — era de esperar — começaram a zombar. Disseram outros: "Sobre isso te ouviremos outra vez."

Assim se configurava, claramente, a decadência da filosofia em Atenas, à semelhança de sua decadência política.

De fato, estava-se longe dos tempos em que homens como o poeta Cleanto (300 a.C.), no seu hino a Zeus, mostrava a que altura religiosa a doutrina dos Estoicos podia chegar, lembrando a herança platônica e constituindo um "eco grego da fé de Israel diante da revelação do Monte Sinai: "Ouve, ó Israel, o Senhor teu Deus é o único Deus."

HINO A ZEUS

"TU, Ó ZEUS, ÉS LOUVADO POR TODOS OS DEUSES.
MUITOS SÃO OS TEUS NOMES, E O PODER QUE ESTÁ CONTIGO
    ETERNAMENTE,
POR TI O UNIVERSO COMEÇOU A SER, E TU GOVERNAS O
    MUNDO,

POR MEIO DE LEIS FIRMES E IMUTÁVEIS.

NÓS TE SAUDAMOS. QUE TODA CARNE ELEVE A TI

A SUA VOZ, POIS SOMOS VERDADEIRAMENTE DA TUA RAÇA.

POR ISSO QUERO ENTOAR-TE O MEU CÂNTICO DE LOUVOR E
GOZO,

CANTAR ETERNAMENTE A TUA ONIPOTÊNCIA.

TODOS OS CÉUS QUE RODEIAM A TERRA ESCUTAM TUA PALAVRA.

TODAS AS ESTRELAS, GRANDES E PEQUENAS. Ó DEUS ETERNO,
COMO ÉS PODEROSO.

"NADA ACONTECE SEM TI NA TERRA, NO FIRMAMENTO, NOS
MARES,

NADA ALÉM DO QUE FAZEM OS PECADORES QUE OBEDECEM
À SUA PRÓPRIA LOUCURA.

"MAS TU DÁS HARMONIA AOS TONS DISCORDANTES. AO FEIO
DA BELEZA,

E ESTÁS HABITUADO AO QUE NOS É ESTRANHO.

ASSIM REUNISTE TUDO E PUSESTE A TUA BÊNÇÃO ACIMA DO MAL.

A TUA PALAVRA É UNA, ESTÁ EM TUDO E PERMANECE ETER-
NAMENTE.

EXPULSA DAS NOSSAS ALMAS A LOUCURA, PARA QUE SAIBAMOS
CORRESPONDER

COM GLÓRIA A TUA GLÓRIA,

E LOUVEMOS ETERNAMENTE AS TUAS OBRAS,

COMO CONVÉM AOS FILHOS DOS HOMENS."

Foi assim que Paulo se retirou do meio deles, refle-
tindo: "O que foi que vim fazer aqui? Mas talvez tenha
valido a pena. Era impossível deixar Atenas de lado."

Durante o restante de sua breve estada na capital grega, alguns homens e mulheres aderiram a ele e abraçaram a fé. Entre eles, Dionísio, o Aeropagita.

Reflexão: a missão de Paulo em Atenas tem sido, por muitos, considerada um fracasso. Ou, pelo menos, um desapontamento. Talvez pelo fato de não ter sido criada uma Igreja em Atenas, como aconteceu nas outras cidades importantes visitadas pelo Apóstolo.

Será?

O valor simbólico da pregação de Paulo no Areópago, falando do "Deus desconhecido", e mostrando a sua imensa superioridade em relação aos deuses gentios, é muito grande.

Então, e hoje. Porque no nosso tempo também temos os deuses de pedra, prata, ouro. Pobres deuses, diante do Deus do Amor, da Misericórdia. Deus da Esperança.

MISSÃO DIFERENTE: PAULO EM CORINTO — FUNDAÇÃO DA IGREJA E OLHAR PARA O OCIDENTE (ROMA)

Corinto — posição estratégica e grande centro comercial

Corinto, à época, devia sua importância a dois fatores.

De um lado, sua posição estratégica entre dois golfos (o do Istmo e o de Corinto), tendo ao fundo as altas montanhas do Peloponeso.

Por trás da cidade, erguia-se a cidadela de Agrocorinto (mais alta que a Acrópole de Atenas). E, sobre ela, o templo de Afrodite, a Venus Vulgivaga, a que a cidade era dedicada.

Isso já mostra o contraste entre as duas cidades — Atenas, consagrada a Palas Atenas e cidade de filósofos e universitários; Corinto, dedicada a Afrodite, ligada ao culto dionisíaco.

Mas havia o segundo fator.

Corinto (que fora destruída em 146 a.C. pelo General romano Mummius, e reconstruída em 44 a.C. por Júlio César) era capital da Província romana de Acaia (Grécia). E tornara-se um grande centro comercial, entre Roma e toda a região do Mediterrâneo Oriental.

Talvez por isso mesmo, cidade cosmopolita: além dos romanos (minoria), gregos, sírios, judeus, africanos.

Priscila (Prisca) e Áquila: sede da igreja e olhar para o Ocidente

Talvez o encontro mais importante que Paulo teve em Corinto, e logo no início, foi com o casal Priscila e Áquila. Os nomes são latinos, mas os personagens são judeus.

Áquila procedia da Diáspora da Anatólia (cidade: Ponto), às margens do Rio Negro (atual Turquia). Priscila, que Paulo chamava de Prisca, "provavelmente era uma judia originária de Roma".

... "Foi de Roma que os dois chegaram juntos a Corinto, onde Paulo os conheceu no início dos anos cinquenta", e "foi acolhido, inclusive, na casa deles". O casal tivera de vir para Corinto em consequência do Édito do Imperador Cláudio, determinando que todos os judeus saíssem de Roma. Segundo Suetônio (historiador romano), a expulsão se devera ao fato de que os judeus "provocavam tumultos por culpa de um tal de Cresto" (na verdade, Cristo). O que é certo é que "havia discórdias dentro da comunidade judaica acerca da questão de se Jesus era o Cristo" (Salvador).

Áquila e Priscila, provavelmente, já se haviam convertido ao Cristianismo em Roma, nos anos quarenta. E agora "tinham encontrado em Paulo alguém que não só compartilhava com eles esta fé — que Jesus é o Cristo —, mas que, além do mais, era um Apóstolo". E a consequência é que se tornaram importantes companheiros de Paulo.

Essa importância se evidencia no fato de que quando Paulo, de Éfeso, escreve a sua primeira Epístola aos Coríntios, juntamente com suas saudações pessoais manda explicitamente as de "Áquila e Priscila, com a Igreja que se reúne na casa deles".

"Conhecemos, assim, o importantíssimo papel que esse casal desenvolveu no âmbito da Igreja primitiva: acolhiam em sua própria casa o grupo dos cristãos locais, quando se reuniam para escutar a palavra de Deus e celebrar a Eucaristia." Esta assembleia é, em grego, Ekkesia; latim, Ecclesia (Português, Igreja)*.

Ao mesmo tempo, há um outro possível ângulo da importância de Áquila e Priscila: o convívio com eles teria voltado mais o olhar de Paulo para o Ocidente, e mais especificamente Roma — Por quê? A troca de ideias sobre a experiência deles, e dos cristãos, em geral, na capital do Império**.

---

* Joseph Ratzinger (Bento XVI), "Os Apóstolos e os primeiros Discípulos de Cristo", São Paulo, Ed. Planeta, 2010.
** Ver Josef Holzner, "Paulo de Tarso", Ed. Quadrante, São Paulo, 2008.

Quase sempre aos domingos: Paulo batiza em Corinto

Tem-se observado que, em Corinto, os dias de maior atividade apostólica do Apóstolo eram os domingos, e não os sábados, segundo a tradição judaica. Talvez pelo fato de que Paulo, para sustentar-se, tinha de exercer o seu ofício — fabricante de tendas —, e, como é natural, o fazia principalmente nos dias de semana.

A tradição atribui a esse fato a consagração do domingo como o dia do Senhor. E, por isso, dia de não trabalho.

Em decorrência dessa opção, foi num domingo que os cristãos da nascente Igreja de Corinto, com Paulo na liderança, se encaminharam para o Rio Leccas. Com ele seguiram Silas, Timóteo, Áquila, Priscila e os catecúmenos.

Motivo: o batismo de Estéfanas, Fortunato e Acalco, com sua família. E o próprio Apóstolo os teria batizado. Outros batismos a destacar foram, posteriormente, os de Crispus, um dos dirigentes da Sinagoga, e o de Tício Justo, membro destacado da colônia romana.

Composição diversificada da comunidade — mas prevaleciam os "humilhados e ofendidos"

Havia, na Comunidade cristã de Corinto, todos os substratos da sociedade, desde os de mais elevado nível social (poucos), aos de nível médio (artesãos, pequenos negociantes) e, principalmente, os pobres.

Eram os escravos, os libertos, os trabalhadores manuais, os sem profissão definida.

Paulo nunca tivera contato com tanta pobreza e miséria. E vício. A escória de porto Mediterrâneo.

Por isso, escreveu mais tarde:

"Considerai, pois, irmãos, a vossa vocação: não há entre vós nem muitos sábios segundo a carne, nem muitos poderosos, nem muitos nobres. Mas as coisas loucas segundo o mundo, escolheu-as Deus para confundir os sábios, e as coisas fracas segundo o mundo, escolheu-as Deus para confundir os fortes. Deus escolheu as coisas vis e desprezíveis segundo o mundo, e aquelas que não são, para destruir as que são.*"

ESSA, A LÓGICA DA LOUCURA DA CRUZ.

Para complicar as coisas, na Grécia (e, pois, em Corinto), prevalecia ainda a concepção aristocrática do período clássico, que recusava aos artesãos (e até Paulo era artesão, como muitos outros cristãos), e mesmo aos artistas, o direito de cidadania.

Numa época em que o trabalho manual era objeto de preconceito e discriminação, o exemplo do Apóstolo era algo novo. É que no judaísmo se havia criado à volta do trabalho uma atmosfera de respeito e estima social. E os próprios Fariseus tinham uma profissão.

---

* 1 Cor 1, 26/28.

No Cristianismo, estava-se indo muito além, pela ideia de que todos os homens são iguais. E de que o homem foi feito à imagem e semelhança de Deus.

Paulo: "Quem despreza o seu irmão não despreza um homem, despreza a Deus."

Vê-se, assim, a enorme tarefa social a realizar: fazer com que a ideia da igualdade cristã, numa Comunidade em que prevaleciam os "humilhados e ofendidos", viesse a ser aceita, naturalmente, pelos escalões mais altos da sociedade.

Paulo e a sinagoga: "sacudiu sobre a assistência o pó das suas roupas"

Ante o crescimento da Comunidade cristã, a hostilidade entrou em escalada entre os líderes da Sinagoga. Os "abastados negociantes e financistas judeus não podiam admitir que aquele estrangeiro viesse perturbar a sua tranquilidade espiritual e diminuir a sua autoridade com uma doutrina subversiva, que submetia os seus anseios nacionais e os seus privilégios ... à ignomínia de um Messias crucificado".

O desenlace iria ocorrer na Sinagoga, no sábado. E Paulo aceitou as consequências.

Diante dos protestos e blasfêmias contra ele, manteve-se imóvel, e, olhando de frente os manifestantes, fez um gesto simbólico: sacudiu sobre eles o pó de suas roupas. E falou.

"Vosso sangue caia sobre a vossa cabeça. Quanto a mim, estou puro, e, a partir de agora, vou dirigir-me aos gentios."

Saiu tranquilamente pelo meio deles, e dirigiu-se à casa de Tício Justo, que o esperava para acompanhá-lo à sua residência, bem ao lado da Sinagoga.

A partir daí, as águas se partiram, na Sinagoga. De um lado, os que se opunham às novas ideias. De outro, os que aderiram à fé cristã, e passaram a reunir-se com Paulo, na casa de Justo. Inclusive Crispo, o chefe da Sinagoga, que se converteu, com toda a sua casa.

Uma noite, disse o Senhor a Paulo, em visão:

"Estou contigo, e ninguém porá a mão em ti para fazer-te mal, pois tenho um povo numeroso nesta cidade."

Paulo assim o fez.

Paulo e o Procônsul Júnio Galião

Acontece que o Procônsul de Acaia era um homem culto e sábio, irmão predileto do filósofo Sêneca. Usava o nome Júnio Galião*, que lhe fora dado pelo pai adotivo.

Para os judeus adversários de Paulo, no entanto, o que interessava era a oportunidade de incriminá-lo.

Agarraram Paulo, e o levaram ao Tribunal. A acusação:

"Procônsul, este indivíduo procura persuadir os outros a adorar Deus de uma maneira diferente da Lei."

---

* Nome verdadeiro: Marco Aneu Novato.

"CRISTÃOS QUE SE BEIJAM" E O "CREPÚSCULO DOS DEUSES"

Paulo ia falar, quando Galião se dirigiu aos acusadores: "Se se tratasse de delito, ou ato perverso, com razão eu vos atenderia. Mas se são questões de palavras, de nome, e da vossa própria Lei, tratai vós mesmos disso. Juiz dessas coisas eu não quero ser."

E despediu-os do Tribunal.

Diante disso, a massa de acusadores de Paulo se voltou contra Sóstenes, o chefe da Sinagoga, e o espancaram, diante do Tribunal, sem que Galião de modo algum interviesse.

Paulo ainda permaneceu bastante tempo em Corinto. Depois, despediu-se dos irmãos e embarcou de volta para a Síria. Priscila e Áquila o acompanharam.

Odisseia de Paulo:
Terceira missão Cristianismo na
Ásia Menor — as sete igrejas

ÉFESO — GRANDE CENTRO COMERCIAL, BERÇO DA FILOSOFIA OCIDENTAL E CIDADE SANTA DA ANTIGUIDADE

Éfeso — centro de gravidade da terceira missão

Éfeso era a quarta cidade da época, após Roma, Alexandria e Antioquia (Síria).

De um lado, capital da Província Romana da Ásia (Ásia Menor), tinha grande importância como centro comercial.

Entretanto, de outro, fora a origem do pensamento pré-socrático grego.

E, ao mesmo tempo, era uma das três cidades santas da antiguidade, juntamente com Atenas e Jerusalém.

Havia, em Éfeso, dois grandes cultos. Acima de tudo, o culto a Artêmis (Diana). Mas também o culto ao imperador, convertido em Deus — Augustus (Otávio Augusto).

O templo de Artêmis constituía uma das Sete Maravilhas da Antiguidade. Era um centro de magia e mistérios orientais. E, igualmente, culto dionisíaco.

"Era, na verdade, uma antiquíssima divindade da natureza e representava a fecundidade. Tinha o seu maciço ventre coberto de fórmulas mágicas, o busto formado por um sem-número de seios..."

Seu santuário era tão grande quanto a atual basílica de São Pedro, em Roma, com o teto sustentado por 127 colunas Jônicas. O bairro antigo, ao redor do Santuário, era praticamente uma cidade sacerdotal, povoado por um exército de sacerdotisas e uma multidão de sacerdotes (eunucos). Além, claro, da turba de guardas do templo, cantores, músicos, mágicos e faquires.

Todavia, ao lado das desfigurações orgíacas, havia no culto a Artêmis também a inegável glorificação da Deusa-mãe. A homenagem à maternidade.

Já o culto ao Imperador, segundo inscrição antiga, homenageava principalmente, segundo decreto da Assembleia das Cortes da Província Romana da Ásia, cuja metrópole era Éfeso, o dia do nascimento de Augusto, 23 de setembro (início do ano, segundo o calendário juliano).

Na expressão do decreto:

"Este dia conferiu ao mundo inteiro um novo aspecto, pois teria sucumbido à perdição se, com aquele que acaba de nascer, não tivesse brilhado para todos os homens uma felicidade universal."[*]

É o nascimento do Messias?

---

[*] Ver Josef Holner, "Paulo de Tarso" (citado).

Apolo e os pré-cristãos

Em Éfeso, Paulo veio a encontrar dois grupos de pré-cristãos, ou seja: discípulos de João Batista. Tinham ouvido suas pregações à margem do Jordão, e por ele haviam sido batizados.

No primeiro, destaca-se Apolônio, mais conhecido como Apolo (diminutivo), originário de Alexandria, e possivelmente discípulo de Fílon. Era homem douto e versado nas escrituras. Sabia quem era Jesus, aquele a quem João esperava, mas não fazia ideia da essência do Cristianismo: "Da morte redentora, da Ressurreição e da vinda do Espírito Santo."

Convertera-se no guia espiritual de um grupo de "cristãos", mas, com seus discípulos, continuava ligado à Sinagoga, "não se distinguindo dos outros judeus".

Como era a atração de Éfeso, certo dia Áquila e Priscila (que estavam na cidade) foram ouvi-lo na Sinagoga. Após o culto, impressionados com Apolo, convidaram-no a ir à casa deles, e, na conversa, revelaram-lhe a vida do Espírito na Igreja de Cristo, segundo tinham aprendido de Paulo.

Como falassem da Igreja de Corinto, Apolo resolveu ir até lá, para conhecer, de perto, o funcionamento de uma Comunidade cristã.

Enquanto isso, Paulo estava chegando a Éfeso, e teve contato com o outro grupo de discípulos de João Batista.

Perguntou-lhes:

"Recebestes o Espírito Santo quando abraçastes a fé?"

Responderam eles:

"Mas nem sequer sabemos da existência do Espírito Santo..."

Paulo, então, explicou:

"O batismo de João era um batismo de penitência, de preparação para a vinda daquele que seria o Salvador, Jesus."

Depois da conversa com Paulo, que lhes falou da Paixão e Ressurreição, receberam o batismo de adesão e salvação.

Quando Paulo lhes impôs as mãos, o Espírito Santo desceu sobre eles: puseram-se, então, a falar em línguas e a profetizar.

Fundação da igreja de Éfeso. As sete igrejas da Ásia

Nos primeiros meses, Paulo, como sempre fazia, procurou as Sinagogas, e lá falava de Cristianismo.

Por meio de suas pregações, duas coisas aconteceram. De um lado, os cristãos (pré-cristãos?) tomaram conhecimento da real diferença entre Cristianismo e Judaísmo.

Mas, ao mesmo tempo, o interesse que provocava essa nova religião levou os judeus líderes das Sinagogas a perceberam que o Cristianismo trazia riscos para a sua crença tradicionalista. E passaram a reagir, atacando a "Via" proposta por Paulo, que de início discutia com eles.

Percebendo os riscos de permanecer num debate estéril, o Apóstolo passou a lançar mão de um método novo para levar adiante sua missão.

Tirano, um professor, talvez um convertido, colocou à sua disposição a espaçosa sala de aulas em que ensinava — sua escola, uma espécie de anfiteatro, a que se dava o nome de Scholé. Ou seja, "tempo livre, ócio, distração".

Assim nasceram as nossas escolas.

No esquema que passou a funcionar, Tirano fazia suas preleções pela manhã, até cerca de onze horas. A partir daí, seguia-se a pregação de Paulo, ante uma audiência heterogênea: estudantes, artesãos, lojistas e comerciantes, funcionários públicos, "até homens e mulheres das classes sociais mais elevadas. Tanto escravos como libertos".

Esse esquema de trabalho prosseguiu ao longo de dois anos.

E assim nasceu a Igreja (Comunidade) de Éfeso.

Ora, Éfeso era capital da Província mais densamente povoada do Império, contando, na época, cerca de quinhentas cidades e aldeias. Abrira-se a Paulo uma "porta grande e espaçosa", para o trabalho com os gentios.

Paulo passou a ver-se rodeado de colaboradores, "com quem conferenciava a respeito da Comunidade e a quem confiava a missão de fundar novas Comunidades vizinhas".

Dessa atividade, a partir de Éfeso, nasceram as sete Igrejas da Ásia, a que se dirigem as sete cartas do Apocalipse.

Os exorcistas judeus e o auto de fé ("As alturas de Deus e as profundezas do Tentador")

Abundavam, à época, os charlatães, exploradores da credulidade dos humildes, principalmente pobres e doentes, física, psicológica e mentalmente.

Eram os exorcismos, diversas formas de ocultismo, astrologia, magia "Florescia, então, uma forma especial de ciências ocultas, redigidas em papiros e escritos do mesmo estilo", para, proteger "contra as bruxas e o mau-olhado".

Um mundo povoado de diversas formas de satanismo.

Nesse ambiente, alguns dos exorcistas judeus começaram a invocar, como fazia Paulo, o nome de Jesus, sobre os que tinham "espíritos maus".

Diziam (por exemplo, os filhos de Cerva, Sumo Sacerdote judeu):

"Eu vos conjuro por Jesus, a quem Paulo proclama."

Mas o espírito mau replicou-lhes:

"Jesus eu conheço, e Paulo, sei quem é. Vós, porém, quem sois?"

E, investindo contra eles, o homem possuído pelo espírito mau dominou a uns e outros. E de tal modo os maltratou que, desnudos e feridos, tiveram de fugir daquela casa.

O fato chegou ao conhecimento geral dos judeus e gregos residentes em Éfeso. A todos sobreveio o temor, e o nome do Senhor Jesus era engrandecido.

Consequência: muitos que abraçaram a fé passaram a confessar suas práticas anteriores. E grande número dos que haviam praticado a magia traziam os seus livros e os queimavam à vista de todos. Enorme fogueira resultou.

Foi, talvez, o primeiro auto de fé. E não por iniciativa de algum Savanarola.

"Grande é a Artêmis dos Efésios"

Maio do ano de 57.

Paulo acabava de retornar de uma breve ida a Corinto.

Acontece que seu regresso coincidiu com a festa de Artêmis, que "de quatro em quatro anos, transformava a cidade de Éfeso numa gigantesca feira e numa bacanal sem paralelo".

Vinha gente de toda a Ásia Menor e regiões próximas, a fim de venerar a deusa e participar das festas e orgias.

Na expressão do decreto inscrito numa lápide de mármore encontrada nas ruínas da cidade:

"Como é notório que não somente em Éfeso, mas em toda a Grécia, se dedicam templos e lugares, imagens e altares a Artêmis; como existe também, em testemunho de sua adoração, um mês que traz o seu nome, chamado entre nós de Artemision; considerando, além disso, ser conveniente que todo o mês que traz o nome da divindade seja observado como santo e dedicado à deusa, o povo de Éfeso resolveu regulamentar o seu culto por meio deste decreto."

"O mês de Artemision será festivo em todos os seus dias. Durante todo o mês, dever-se-ão celebrar festas, panegíricos e solenidades. Com isso, a nossa cidade receberá novo esplendor e será próspera para todos os tempos."*

Com isso, o mês de Artêmis era o paraíso, principalmente, para "os homens de negócios, os comerciantes. E, sobretudo, todo o grêmio dos artífices e ourives", pouco interessados na deusa. Mas com outros interesses.

Interesses prejudicados pela pregação de Paulo, que adquiria, a cada mês, repercussão maior. E que levava a outra direção.

Daí, a rebelião dos ourives.

Certo Demétrio, ourives, era fabricante de nichos de Artêmis, em prata, proporcionando aos artesãos não pouco lucro. Tomou ele a iniciativa de reunir seus fornecedores, e outros ourives, e lhes falou:

"Amigos, sabeis que é deste ganho que provém o nosso bem-estar. Entretanto, vedes e ouvis que não somente em Éfeso, como em quase toda a Ásia, esse Paulo

---

* Josef Holzner, obra citada.

convenceu e desviou imensamente, afirmando que não são deuses os que são feitos por mãos humanas."

"Isto não só traz o perigo de nossa profissão cair em descrédito mas também o próprio templo da grande deusa Artêmis perderá todo o seu prestígio, sendo logo despojada de sua majestade aquela que toda a Ásia e o mundo veneram."

Ouvindo isso, ficaram os demais enraivecidos e puseram-se a gritar:

"Grande é a Artêmis dos Efésios."

A cidade foi tomada de confusão, e todos, em massa, se precipitaram para o teatro, arrastando com eles os macedônios Gaio e Aristarco, companheiros de viagem de Paulo.

Paulo desejava ir até o teatro para enfrentar os amotinados, mas os discípulos o impediram. E até alguns dos asiarcas*, seus amigos, lhe mandaram pedir que não fosse.

No teatro, a confusão era geral, e a maior parte dos presentes nem sabia por que estavam reunidos. Estimulado a falar, Alexandre, judeu e um dos principais magistrados da cidade, fez um sinal com a mão, indicando que desejava falar.

Mas os amotinados, percebendo que era judeu (não sabiam distinguir bem entre judeus e cristãos), começaram a gritar, em uníssono.

---

* Encarregados do culto ao Imperador.

"Grande é a Artêmis dos Efésios."

Por cerca de duas horas, foi só o que se conseguiu ouvir. Mas Alexandre, por fim, como magistrado, conseguiu fazer-se ouvir, para acalmar a multidão.

Suas palavras:

"Quem é, dentre os homens, que ignora ser a cidade de Éfeso a guardiã do templo da grande Artêmis, e de sua estátua caída do céu?"

"Sendo indubitáveis estas coisas, é preciso que vos porteis calmamente, e nada façais de precipitado. Trouxestes aqui estes homens: não são culpados de sacrilégio, nem de blasfêmia contra a vossa deusa."

Acalmados os ânimos, prosseguiu:

"Se, pois, Demétrio, com seus ourives e artesãos, têm alguma coisa contra alguém, há audiências públicas e há procônsules: que apresentem sua queixa."

"E, se tiverdes qualquer outra questão a debater, ela será resolvida em Assembleia Geral."

A conclusão:

"De mais a mais, estamos correndo o risco de ser acusados de sedição, pelo que hoje aconteceu, não havendo causa alguma que possamos alegar, para justificar esta aglomeração."

Com essas palavras, declarou dissolvida a Assembleia.

Ao saber de tudo, Paulo apenas comentou:

"E, no entanto, essa deusa é apenas uma estátua."

O "prisioneiro de Cristo"

Cessado o tumulto, Paulo convocou os discípulos e disse ser chegada a hora de partir para a Macedônia e Grécia.

Ao fim das visitas que tinha de fazer a várias Comunidades, iria terminar em Mileto a sua terceira Missão, ao lado de Lucas e outros acompanhantes.

Sua ideia era partir logo para Jerusalém, a fim de ali passar o dia de Pentecostes, se possível.

Antes, porém, mandou emissários para trazer os Anciãos da Igreja de Éfeso.

Quando chegaram, assim lhes transmitiu o seu adeus:

"Sabeis como, desde o primeiro dia em que cheguei à Ásia, procedi convosco. Servi ao Senhor com toda humildade, com lágrimas, e no meio das provações que me sobrevieram pelas ciladas contra mim armadas."

Aprofundando a ideia:

"Jamais recuei perante qualquer coisa que vos pudesse ser útil. Preguei e instruí-vos, tanto publicamente como em vossas casas, afirmando a judeus e gregos a necessidade do arrependimento diante de Deus e da fé em Jesus, nosso Senhor."

Em seguida, a despedida:

"Agora, acorrentado pelo Espírito, dirijo-me a Jerusalém, sem saber o que lá me sucederá. Senão que, de cidade em cidade, o Espírito Santo me adverte dizendo que me aguardam cadeias e tribulações. Mas de forma alguma considero a minha vida preciosa a mim mesmo, contanto que leve a bom termo a missão que recebi do Senhor Jesus: dar testemunho do Evangelho (Boa Nova) da Graça de Deus.

"Neste momento, estou certo de que não mais vereis a minha face, vós todos entre os quais passei proclamando o Reino. Eis por que eu o atesto, hoje, diante de vós: estou puro do sangue de todos, pois não me esquivei de vos anunciar todo o desígnio de Deus para vós."

A conclusão:

"Estai atentos a vós mesmos e a todo o rebanho: dele o Espírito Santo vos constituiu guardiães, para apascentar a Igreja de Deus, que ele adquiriu para si pelo sangue de seu próprio Filho.

"Bem sei que, depois de minha partida, introduzir-se-ão entre vós lobos vorazes, que não pouparão o rebanho. Mesmo do meio de vós surgirão alguns falando coisas pervertidas, para arrastar atrás de si os discípulos.

"Vigiai, portanto, lembrados de que, durante três anos, dia e noite, não cessei de admoestar com lágrimas a cada um de vós.

"Agora, pois, recomendo-vos a Deus e à palavra de sua Graça, que tem o poder de edificar, e de vos dar a herança entre todos os santificados.

"De resto, não cobicei prata, nem ouro, ou vestes de ninguém: vós mesmos sabeis que foram estas mãos que proveram às minhas necessidades, e à de meus companheiros.

"Em tudo vos demonstrei que deveis trabalhar assim, para socorrerdes os fracos, lembrando-vos das palavras que o próprio Senhor Jesus disse: "Há mais felicidade em dar que em receber"."

Após essas palavras, ajoelhou-se, e orou com eles. Todos, então, lançando-se ao pescoço de Paulo, enxugavam, disfarçadamente, as lágrimas. E o beijavam.

Sua angústia provinha, sobretudo, da palavra que dissera: não mais iriam ver sua face.

Acompanharam-no, então, até o barco.

Jerusalém chamava Paulo. Para quê?

Roma, também. Para quê?

A universalização do Cristianismo
(II) Odisseia de Pedro: da negação
de Cristo a líder e mártir

"EU GOSTARIA QUE SE FALASSE DOS DEFEITOS DOS SANTOS, DISSE BERNADETE DE LOURDES, E DAQUILO QUE ELES FIZERAM PARA CORRIGI-LOS. ISSO NOS SERVIRIA BEM MAIS DO QUE SEUS MILAGRES E ÊXTASES."

R. LAURENTIN*

---

* Ver R. Laurentin, Logia de Bernadete, Paris, 1971.

Odisseia de Pedro: Primeira missão A trajetória de Pedro — "Humano, demasiadamente humano"

CRISTO E PEDRO — OS TRÊS MOMENTOS

"E vós, quem dizeis que sou?"

A certa altura, Jesus, perguntou aos discípulos:

"Quem dizem as pessoas que é o Filho do Homem?"

Responderam: "Uns afirmam que é João Batista, outros que é Elias, outros, ainda, que Jeremias ou algum dos Profetas."

"E vós, quem dizeis que eu sou?"

Simão Pedro adiantou-se:

"Tu és o Cristo, o filho de Deus vivo."

Jesus: "Bem-aventurado és tu, filho de Jonas, porque não foi a carne, nem o sangue, que te revelaram. E sim meu pai, que está nos céus."

"Também te digo que tu és Pedro (rocha), e sobre esta pedra edificarei minha Igreja. E as portas do inferno não prevalecerão contra ela. Eu te darei as chaves do reino dos céus. E o que ligares na terra estará ligado nos céus. E o que desligares na terra estará desligado nos céus."

Negações de Pedro: "Não conheço este homem"

Pedro estava sentado fora, no pátio. Aproximou-se dele uma criada, dizendo:

"Também tu estavas com Jesus, o Galileu."

Ele, porém, negou diante de todos, dizendo:

"Não sei o que dizes."

Saindo para o Pórtico, outra criada viu-o, e falou aos que ali estavam:

"Ele estava com Jesus, o Nazareno."

De novo ele negou, jurando que não conhecia o Nazareno.

Pouco depois, os que lá estavam disseram a Pedro:

"De fato, também és um deles, pois o teu sotaque te denuncia."

Então, ele começou a praguejar, e a jurar, dizendo: "Não conheço esse homem."

Nesse momento, um galo cantou.

Pedro, então, se lembrou da palavra que Jesus dissera:

"Antes que o galo cante, três vezes me negarás."

Três negações.

De certa forma, uma traição.

Saindo dali, chorou amargamente.

Depois da ressurreição: "Pedro, tu me amas?" (Filéo e Agapáo)

À margem do lago de Tiberíades, quando os discípulos já estavam em terra, prepararam uma refeição improvisada: peixe e pão.

Jesus distribuiu entre eles o peixe e o pão, sem que nada lhe perguntassem, porque sabiam que era o Senhor ressuscitado.

Depois de comerem, Jesus falou a Simão Pedro:

"Simão, filho de Jonas, tu me amas mais que estes?"

Pedro: "Sim, senhor, tu sabes que eu te amo."

Jesus:

"Apascenta os meus cordeiros."

Pela segunda vez, Jesus pergunta:

"Simão, filho de Jonas, tu me amas?"

"Sim, Senhor, tu sabes que te amo."

Terceira vez:

"Simão, filho de Jonas, tu me amas?"

Entristeceu-se Pedro:

"Senhor, tu sabes tudo. Tu sabes que te amo."

Jesus insistiu:

"Apascenta minhas ovelhas."

E depois:

"Segue-me."

Ao dizer "segue-me", Jesus, o Cristo, já se convertera a Pedro. O Pedro "humano, demasiadamente humano". Antes da experiência da "traição", o Apóstolo, sem dúvida, teria dito:

"Eu te amo incondicionalmente" ("Agapô-se", do verbo agapáo, amor sem reservas, total e incondicionalmente).

Mas agora que conhecera a tristeza da infidelidade, o drama de sua própria fraqueza, diz com humildade:

"Senhor, te amo (filô-se, do verbo filéo, amor da amizade, terno, mas não totalizador). Significando: "Te amo com o meu pobre amor humano."

E Cristo se adaptara a Pedro, convertera-se.

Por isso, exprime a sua confiança:

"Segue-me."*

A transfiguração de Pedro: Pentecostes e a vinda do espírito

Após a Ascensão, é chegado o dia de Pentecostes. Estando os discípulos reunidos, veio do céu um ruído, parecendo um vendaval, e encheu toda a casa.

Apareceram como que línguas de fogo e pousaram sobre as cabeças deles. Puseram-se, então, a falar línguas, para os judeus da Diáspora.

Pedro, então, a eles se dirigiu:

"Homens de Israel, ouvi estas palavras: Jesus de Nazaré, que pregou entre vós e fez muitas maravilhas, foi aqui morto por vós, digo-o com sinceridade. Foi ele crucificado pelas mãos dos ímpios. Mas Deus o ressuscitou, para que não ficasse sob o domínio da morte.

---

* Ver Joseph Ratzinger, obra citada.

"CRISTÃOS QUE SE BEIJAM" E O "CREPÚSCULO DOS DEUSES"

"Irmãos: o patriarca Davi morreu, foi sepultado, e seu túmulo se encontra entre nós, até o presente dia. Mas, sendo profeta e sabendo que Deus lhe prometera, viu e proclamou a ressurreição de Cristo."

"Disso, todos nós somos testemunhas: Deus constituiu Messias o mesmo Jesus, aqui crucificado."

Os judeus se angustiaram. E Pedro lhes disse que se arrependessem e convertessem, para receber o batismo e a inspiração do Espírito Santo.

A transfiguração ocorrera: Pedro, e os demais Apóstolos, de homens temerosos e acovardados, haviam passado a exercer a Missão recebida de Jesus Cristo, no momento da Ascensão: "Sereis minhas testemunhas em Jerusalém, em toda a Judeia e a Samaria, e até os confins da Terra."

Pedro e os gentios: a conversão

Pedro, que se deslocava para toda parte, e estava em Jope, teve uma visão: do céu aberto, foi descendo algo como um lençol. Dentro, répteis, quadrúpedes e aves do céu.

Ao resistir à ordem de imolar e comer, a voz do céu lhe falou: "Ao que Deus purificou, não chames tu de profano."

Logo em seguida, chegaram os mensageiros enviados por Cornélio, centurião romano, que também tivera uma visão.

Ao chegarem a Cesareia de Felipe, o próprio Cornélio recebeu Pedro, com toda a família, à porta de sua casa.

Prostrou-se aos pés de Pedro, em adoração, mas o Apóstolo o reergue, dizendo:

"Levanta-te, pois eu também sou apenas um homem."

Confirmava-se a conversão de Pedro aos gentios.

Concílio de Jerusalém: Pedro e Paulo — uma só "Via"

Quando o Concílio se reuniu, para discutir principalmente se devia haver a separação entre judeus-cristãos e gentios-cristãos (universalidade do Cristianismo?), a posição de Pedro foi, em síntese:

"Irmãos, sabeis que Deus me escolheu desde os primeiros dias para que os gentios ouvissem da minha boca a Boa Nova e abraçassem a fé. E Deus, que conhece os corações, testemunhou a favor deles, concedendo-lhes o Espírito Santo, como a nós. Não fez qualquer distinção entre eles e nós, visto ter purificado o seu coração pela fé."

E assim se definiu: a "Via" de Pedro e a de Paulo eram uma só. Universalidade do Cristianismo.

O poder do Espírito Santo

Como já ficou claro quando falamos da transfiguração de Pedro, "o poder do Espírito Santo" capacitou os Apóstolos (e discípulos, em geral) a dar testemunho efe-

"CRISTÃOS QUE SE BEIJAM" E O "CREPÚSCULO DOS DEUSES"

tivo em seu mundo. Um pequeno grupo de homens e mulheres, desiludidos e acovardados, se transformou numa legião de Evangelistas entusiastas.

"Seu trabalho começou em Jerusalém, mas rapidamente se espalhou para outros centros. Trinta anos depois, a nova fé havia alcançado a maior parte das áreas da parte Oriental do Império Romano, e provavelmente até além, para o lado Ocidental, alcançando a própria Roma."*

---

* Ver "*Introduction to the History of Christianity*" (Organizador: Tim Dowley), Fortress Press, Minneapolis, EUA.

ODISSEIA DE PEDRO — DE JERUSALÉM A ROMA

Pedro e a perseguição de Herodes Agripa (Jerusalém)

Durante cerca de dez anos — desde a vinda do Espírito Santo, em Pentecostes, até a conversão de Cornélio, o centurião romano —, Pedro foi o líder da Igreja em Jerusalém.

Nessa época, pelo menos nos primeiros anos, os primeiros cristãos celebravam o culto no próprio Templo de Jerusalém, no Pórtico de Salomão. Mas essa situação era instável.

Sobreveio, então, a perseguição de Herodes Agripa aos cristãos. Tiago, irmão de João, foi decapitado.

Vendo que isso lhe dava popularidade entre os judeus ortodoxos, mandou prender também Pedro. Na ideia de exibi-lo ao povo depois da Páscoa.

"CRISTÃOS QUE SE BEIJAM" E O "CREPÚSCULO DOS DEUSES"

O Apóstolo, na prisão, foi entregue à guarda de quatro piquetes, cada um composto de quatro soldados.

Na véspera de sua apresentação, dormia Pedro entre dois soldados, preso a correntes. Sentinelas vigiavam, do lado de fora.

De repente, forte luz brilhou no cárcere, e o Anjo do Senhor apareceu. Tocando o lado de Pedro, fê-lo erguer-se dizendo:

"Levanta-te depressa."

As correntes caíram ao lado de Pedro.

O anjo continuou:

"Cinge-te e calça as sandálias."

Pedro fez como dito.

O anjo:

"Envolve-te no manto e segue-me."

Sem saber bem o que estava acontecendo, Pedro saiu e o foi seguindo. Tudo lhe parecia uma visão.

Passaram assim pelo primeiro posto de guarda. Pelo segundo.

Quando chegaram ao portão de ferro que dá para a cidade, este se abriu diante deles. Saíram, e enveredaram por uma rua.

Pedro olhou para os lados e, vendo-se sozinho, numa rua qualquer, no meio da noite, adquiriu consciência de que o Senhor, realmente, havia enviado o seu anjo para libertá-lo, contra as expectativas de Herodes Agripa e dos judeus ortodoxos.

Dirigiu-se, então, à casa de Maria, mãe de João. Bateu à porta, e foi atendê-lo uma criada, chamada

Rode, que, embora lhe reconhecendo a voz, em lugar de abrir a porta, foi correndo anunciar a chegado de Pedro ao grande número de amigos que estavam na casa, rezando por Pedro.

A reação dos presentes foi:

"Estás louca. Viste um fantasma."

Ante a reiteração da criada, de que era realmente a voz de Pedro, reagiram:

"Então é seu anjo."

Como Pedro continuasse a bater, correram a abrir a porta para ele, e abraçá-lo.

Pedro fez-lhes sinal para que não falassem, e passou a narrar-lhes como o Senhor o livrara da prisão.

Depois disse:

"Anunciai isto a Tiago ("o irmão do Senhor"), e a todos os irmãos."

Depois, saiu, e "foi para outro lugar", meditando sobre a precariedade de sua situação em Jerusalém. Pedro teve medo.

Enquanto isso, fazendo-se dia, não foi pequeno o alvoroço entre os soldados. Alvoroço que se transformou em horror quando Herodes Agripa mandou buscar Pedro e, recebendo a notícia de seu desparecimento, mandou matar os soldados da guarda.

E partiu para Cesareia de Felipe.

A história tem final trágico. Mas é apenas uma tradição: o Anjo do Senhor o fulminou.

PARTE V

Cristo e César — Cristianismo e Império Romano

Visões de um homem morto:
Fundação de Roma e nascimento
do Cristianismo

"VISÃO DE UM HOMEM MORTO": NASCIMENTO DE ROMA

Súmula do Livro V da "Ilíada", de Homero*:

"Diomedes, guiado por Atena, realiza grandes feitos. Ferido por Pândaro, ele se revigora e o mata. E depois fere Eneias, que é salvo da morte por sua mãe, Afrodite, e curado por Apolo."

"Diomedes, então, ataca e fere Afrodite, retirando-a do campo de batalha: os troianos são incentivados pelo Deus Ares e o líder deles, Heitor, mas Atena mostra a Diomedes como tirar Ares da batalha e levá-lo de volta ao Olimpo."

Livro XX:

"Zeus informa aos deuses que eles agora estão livres para participar do conflito como quiserem. Apolo incita Eneias a atacar Aquiles, mas Poseidon intervém e conduz Eneias de volta a lugar seguro. Apolo salva Hei-

---

* Homero, "Ilíada", Barnes & Noble Classics, 1995, EUA.

tor de uma morte certa pelas mãos de Aquiles. Aquiles campeia enfurecido para um lado e outro, e mata muitos troianos."

Livro XXIV (final):

"Aquiles arrasta o corpo de Heitor em torno do túmulo de Patroclus. Diante dos protestos de Apolo, Thetis é enviada para dizer ao filho dela que autoriza Príamo (rei de Troia) a levar o corpo de Heitor. Guiado por Hermes, Príamo vai até Aquiles, que se deixa dominar pela piedade e restaura o corpo de Heitor, prometendo uma trégua de onze dias."

"Hermes conduz Príamo de volta a Troia. Andrômaca, Hécuba e Helena entoam a canção de réquiem para Heitor. E o funeral deste é celebrado de forma condigna."

Durante o cortejo mortuário do herói, Andrômaca abraça a cabeça do poderoso Heitor, e faz o seu lamento:

"Marido, morreste jovem, e me deixaste viúva em tua casa. Aquele de quem somos os desgraçados pais é ainda apenas uma criança, e temo que não chegue à idade adulta. Nossa cidade será derrotada e arrasada, pois tu, que a guardavas, não existes mais — tu que eras o seu Salvador, o guardião de nossas mulheres e crianças. Nossa mulheres serão levadas cativas para os navios — e eu entre elas.

"Deixaste, Heitor, indizível dor para teus pais. E a minha própria tristeza é a maior de todas, pois não estendeste os braços para me abraçar enquanto estavas morrendo, nem me disseste palavras que poderiam viver comigo, em minhas lágrimas, para todo o sempre."

Até aqui, vimos o Eneias de Homero, e sua relação com Heitor — o grande herói de Troia, filho do Rei Príamo e da Rainha Hécuba.

Entretanto, onde acaba a história da "Ilíada", começa a da "Eneida", de Virgílio, em tom diferente. E diferente é, também, o Eneias da história contada por Virgílio.

O Eneias de Homero era o que vimos — príncipe e guerreiro.

"Virgílio poderia salientar que os deuses favoreceram Eneias, e o destinaram a ser o fundador de uma poderosa dinastia: ele poderia substituir a simples bravura na batalha pela fortaleza e engajamento de um líder nacional, a longo prazo. E mostrar qualidades honrosas que implicitamente levariam honras a seu descendente Otávio, poderoso líder de Roma e patrono de Virgílio, o qual logo iria tornar-se o primeiro cidadão ("First man in Rome") e comandante geral Augusto (Princeps e Imperator)."[*]

Avô do lendário fundador de Roma, Rômulo, Eneias foi também o ancestral do Clã Juliano. Daí por que poetas como Accius e Lucretius chamariam os romanos de "filhos de Eneias".

---

[*] *"Aeneid"*, Virgílio (nova tradução de Frederick Al), Oxford University Press, Grã-Bretanha, 2007. (Introdução).

Entretanto, toda essa história começa em Troia, quando Eneias, filho do troiano Anchises e da deusa grega Afrodite, tem a "Visão de um homem morto", Heitor, como segue (ver livro II da "Eneida"):

"NO SONO, EM SONHO, HEITOR ME APARECEU,

CADAVÉRICO NA TRISTEZA, LÁGRIMAS ESCORRENDO, TODO DESPEDAÇADO,

COMO QUE PELO VIOLENTO CARRO DE COMBATE NO DIA DE SUA MORTE -

E NEGRO PELA POEIRA ENSANGUENTADA,

OS PÉS INCHADOS CORTADOS PELAS SANDÁLIAS DE COURO CRU.

Ó, DEUSES, A SUA FISIONOMIA. TÃO DIFERENTE,

TÃO DIFERENTE DO ORGULHOSO HEITOR QUE RETORNOU A TROIA

EXIBINDO O ESCUDO DE AQUILES, OU AQUELE OUTRO,

QUE LEVANTAVA AS TOCHAS NOS BARCOS INIMIGOS;

SUA BARBA TODA SUJA, CABELO EMPAPADO DE SANGUE,

MOSTRANDO AS FERIDAS, AS INÚMERAS FERIDAS RECEBIDAS

FORA DAS MURALHAS DA CIDADE DE SEU PAI."

Ante o assombro de Eneias, e as suas questões, Heitor se manifestou:

"Ó, DISSE ELE, FOGE AGORA, FILHO DA DEUSA, CAI FORA DESTA TEMPESTADE DE FOGO.

OS INIMIGOS DOMINARAM NOSSOS MUROS. TROIA CAIU, DO PICO AO ABISMO.

PRÍAMO E NOSSA TERRA ACABARAM. SE PÉRGAMO PUDESSE SER DEFENDIDA,

MINHA MÃO DIREITA HAVERIA FEITO A DEFESA EM MEU TEMPO.

TROIA TE ESTÁ CONFIANDO SEUS ÍCONES, SEUS ESPÍRITOS GUARDIÃES.

TOMA-OS, COMO COMPANHEIROS DE DESTINO, DESCOBRE GRANDES MUROS PARA PROTEGÊ-LOS,

MUROS QUE CONSTRUIRÁS QUANDO TUAS PEREGRINAÇÕES MARÍTIMAS CHEGAREM AO FIM."

Como os gregos já estavam dentro da cidade condenada, e diante dessa visão de Heitor, que Eneias tomou como advertência e apelo, tomou ele a decisão de escapar de Troia.

E, como narra a "Eneida", após anos de sua própria Odisseia, levando consigo o pai, Rei Anchises, e o filho Julus, eventualmente (sete anos?) chegam ao Latium — Itália.

Assim se estabeleceu a ligação entre Julus, primeiro Rei de Alba Longa, através das gerações, e Julius (César). Entre Troia e Roma — ou a cidade que daria origem a Roma.

Através da "Visão de um homem morto". Apenas a visão.

"VISÃO DE UM HOMEM MORTO": O BERÇO DO CRISTIANISMO

Lucas conta a história de duas formas.

Na primeira, um casal de discípulos de Jesus, no terceiro dia após a crucifixão, viajava para o povoado de Emaús, a sessenta estádios de Jerusalém.

Ora, enquanto conversavam sobre os eventos dos últimos dias, e discutiam entre si, o próprio Ressuscitado aproximou-se, e pôs-se a caminhar com eles: seus olhos, porém, não o reconheceram.

Ele lhes falou:

"Que coisas são essas de que falais, enquanto ides caminhando?"

Eles pararam, com o rosto sombrio, e um deles, chamado Cleofas, exclamou:

"Tu és o único forasteiro em Jerusalém que ignoras os fatos ali transcorridos nos últimos dias."

"Que fatos?"

Responderam:

"CRISTÃOS QUE SE BEIJAM" E O "CREPÚSCULO DOS DEUSES"

"O que aconteceu a Jesus, o Nazareno, que foi profeta poderoso, em obras e palavras, diante de Deus e diante de todo o povo. Mas nossos Sumos Sacerdotes e nossos Chefes o entregaram, para ser condenado à morte, e o crucificaram."

E a conclusão:

"Nós esperávamos que fosse quem redimiria Israel. Mas, com tudo isso, faz três dias que todas essas coisas aconteceram. É verdade que algumas mulheres, que são dos nossos, nos assustaram. Tendo ido muito cedo ao túmulo, e não tendo encontrado o corpo, voltaram dizendo que haviam tido uma visão de anjos a declararem que Ele está vivo. Alguns dos nossos foram ao túmulo e encontraram as coisas tais como as mulheres haviam dito, mas não o viram."

Ele, então, lhes disse:

"Insensatos e lentos de coração para crer tudo o que os profetas anunciaram. Não era preciso que Cristo sofresse tudo isso, para entrar em sua glória?"

E, começando por Moisés e percorrendo todos os profetas, interpretou-lhes em todas as Escrituras o que a Ele dizia respeito.

Aproximando-se de Emaús, Jesus fez o gesto de seguir adiante. O casal*, entretanto, insistiu:

"Permanece conosco, pois cai a tarde e o dia já declina."

---

* Alguns intérpretes consideram que o outro discípulo (que não Cleofas) era do sexo feminino, e formavam um casal.

Entrou, então, para ficar com eles. E, uma vez à mesa, tomou o pão, abençoou-o, depois partiu-o e deu a eles.

Então, seus olhos se abriram e O reconheceram.

Nesse momento, diante do casal, Jesus tornou-se invisível.

Entreolharam-se, e disseram um ao outro: "Não ardia o nosso coração quando Ele nos falava pelo caminho, quando nos explicava as Escrituras?"

A outra forma contada por Lucas toma um ângulo diferente.

No primeiro dia da semana (domingo, em nosso calendário), muito cedo, ainda, as mulheres que tinham vindo da Galileia com Jesus (entre elas, Maria Madalena, Joana e Maria, mãe de Tiago), foram ao sepulcro, levando aromas.

Acharam a pedra do túmulo removida, e, ao entrar, não encontraram Jesus. Mas, diante delas, estavam dois homens com vestes luminosas.

Cheias de medo, inclinaram o rosto para o chão. Eles, então, disseram:

"Por que procurais entre os mortos aquele que vive? Ele não está aqui: ressuscitou. Lembrai-vos de quando vos falou, quando ainda estava na Galileia: É preciso que o filho do homem seja entregue às mãos dos pecadores, seja crucificado e ressuscite ao terceiro dia."

Elas, então, se lembraram de suas palavras.

E correram a contar aos onze Apóstolos, e demais discípulos, reunidos.

"CRISTÃOS QUE SE BEIJAM" E O "CREPÚSCULO DOS DEUSES"

Pedro levantou-se e correu ao túmulo.

As duas visões convergem.

Primeiro, porque o casal de Emaús tinha voltado a Jerusalém. Acharam os onze reunidos, com outros irmãos. Todos disseram: "É verdade. O Senhor ressuscitou e apareceu a Simão Pedro."

Falavam ainda, quando Ele próprio apareceu no meio deles e falou:

"A paz esteja convosco."

Nascia, assim, da "Visão de um homem morto", o Cristianismo.

Mas, diferentemente do nascimento de Roma, o "homem morto" da Galileia ressuscitou, realmente, e veio conviver com os irmãos (filhos). E dar-lhes a Missão:

"Ide, e pregai a todos os povos."

"Visão de um homem morto":
a transfiguração

Nos dois casos, fundação de Roma
e nascimento do Cristianismo,
há a transfiguração do líder
— Eneias e Pedro,
respectivamente —, para que se
possa cumprir a sua missão.

"Livro dos reis" em Roma

ROMA — EVOLUÇÃO URBANA E BREVE HISTÓRIA DOS REIS

Quando, segundo a "Eneida", Eneias se recusou a estabelecer-se em Cartago, a convite de Dido (a rainha), cruzou o *Mare Nostrum* (Mediterrâneo), e foi estabelecer-se na região do *Latium* — litoral oeste da Itália.

Entretanto, apenas séculos depois é que ocorreu a fundação de Roma propriamente dita. A data convén cional é 753 d.C. (talvez antes, segundo os arqueólogos).

Numitor, Rei do Latium, tinha uma Rhea Silvia, que, embora vestal, foi seduzida pelo Deus Marte, e teve dois irmãos gêmeos, Rômulo e Remo. Vem em seguida a história de que foram encontrados às margens do Rio Tibre e alimentados por uma loba.

Com a morte de Remo, Rômulo é que terminou fundando a cidade derivada de seu nome (Roma). O primeiro círculo de muralhas foi construído por Rômulo, no Monte Palatino, e lá se estabeleceram inicialmente os latinos.

Posteriormente, os sabinos vieram a estabelecer-se na mesma colina e a cidade se foi expandindo, até compreender as conhecidas sete colinas (Palatino, Capitólio, Esquilino, Viminal, Coelian, Aventino, Quirinal).

Dos reis, dois foram latinos, dois sabinos e três, etruscos.

Na primeira metade do Século IV a.C., Roma passou a ser protegida pelas famosas muralhas sérvias (Rei Sérvio Túlio), cuja construção levou cerca de século e meio, por serem gigantescas, para o tempo.

A "constituição" original de Roma — privada e pública

A síntese da Constituição original de Roma, nessa fase inicial (período dos reis), pode ser colocada como segue*.

"Assim como o senhor da família era não apenas o mais alto mas também o único poder no lar, da mesma forma o rei era não apenas o primeiro mas o único detentor do poder no Estado.

"Ele poderia, certamente, formar Conselhos de homens qualificados, formados por especialistas nas normas da Lei sagrada ou pública, e ouvir suas posições e proposições. Poderia também delegar poderes; nos mais diferentes assuntos. Inclusive na guerra."

---

* Segundo Theodor Mommsen, "*A History of Rome*", The Folio Society, Londres, 2006.

"CRISTÃOS QUE SE BEIJAM" E O "CREPÚSCULO DOS DEUSES"

"Entretanto, o poder era seu. E se encerrava apenas com a sua morte."

Agora, isso não é a história completa. Verdade: o povo romano era representado, no campo da Lei, pelo Príncipe. Não obstante, seria um grande erro pensar que o Estado romano era uma teocracia, embora ele se vestisse como Deus. Para os romanos, as ideias de Deus e Rei não se integravam. "O rei não era o Deus do povo."

Por isso mesmo, o rei não podia esquecer que seu poder emanava "não de Deus, mas, com o consentimento de Deus, emanava do povo", de quem era representante, na forma estabelecida em lei.

A República Romana

ROMA E A REPÚBLICA

A "constituição" da República Romana

A República Romana* tinha um complexo sistema de equilíbrio de poderes — instituições Legislativas, Executivas e Judiciárias. Complexo, principalmente, por uma razão: "Muito dependia de um conjunto de impalpáveis costumes e convenções que produziam um efeito prático de acordo com as diferentes situações que surgiam."

Colocando o problema crucial: "O poder dos dois Cônsules, eleitos anualmente, era controlado pelo Senado, que, embora não tivesse poderes executivos, os assessorava em Política, Finanças, Lei e Religião."

---

* Ver, por exemplo, Michael Grant, *The founders of the Western World — a history of Greece and Rome*", Charles Scribner's Sons, Nova York, EUA, 1991.

Todavia: "A instituição que elegia os Cônsules, implementava as Leis e declarava Guerra e Paz era a Assembleia (Comitia)."

E a experiência prática: "As decisões da Assembleia eram influenciadas decisivamente por certos senadores e os grupos que os apoiavam."

Razão: "A sociedade romana era uma estrutura composta por homens ricos e influentes, com os seus clientes, que tinham o dever de votar pelos patronos nas eleições anuais — recebendo, em troca, sua proteção."

Tal sistema, institucionalizado, refletia, até certo ponto, uma "divisão básica entre patrícios e plebeus". E estes, após algum tempo, passaram a se ressentir dessa situação, em número crescente.

Vale a pena, diante disso, tornar bem visível a complexidade do sistema de cargos e estruturas, no Estado e na Sociedade.

De um lado, havia o Censor, o mais elevado de todos os magistrados romanos, embora não tivesse o Imperium, ou seja, a capacidade executiva.

Os dois Cônsules, eleitos anualmente pela Centuriate Assembly, constituíam o nível mais alto dos magistrados romanos com Imperium.

Havia cinco classes (numeradas de um a cinco). A participação como membro de uma classe era econômica, decidida pelos Censores.

O povo romano era composto de duas grandes categorias econômico-sociais — os Patrícios, pequena minoria, e os Plebeus, grande maioria dos cidadãos. Havia ainda os *head count*, tão pobres que nem conseguiam pertencer à primeira classe. Na oportunidade do Censo, os censores apenas os contavam per capita (por cabeça). Mas podiam votar e usar a toga.

Mencione-se ainda a existência dos libertos, ou seja, os ex-escravos, obrigados a usar uma boina especial — a "boina da liberdade".

Entre os magistrados, registre-se a existência, e importância, dos Tribunos das Plebes, que não representavam todo o povo romano — apenas as plebes. Tinham, entretanto, um grande poder político — o poder de veto, que "podia ser exercido contra uma Lei, uma obra ou magistrado (autoridade)".

O Senado (*Senatus*), instituição muito antiga (desde o tempo dos reis), não era órgão legislativo, e sim de aconselhamento. Podia propor Leis, mas não votá-las. Entretanto, havia áreas em que o Senado tinha Poder Supremo: Fisco, controle do Tesouro, Política Externa, nomeação de Governadores das Províncias, condução das Guerras.

Havia três tipos de Assembleias.

A *Centuriate Assembly* compreendia o povo romano, patrício e plebeu, em suas classes. Elegia os Cônsules, os Pretores (de cinco em cinco anos) e os Censores. E podia aprovar Leis.

A Assembleia do Povo (com participação dos Patrícios) tinha natureza tribal, compreendendo as trinta e

cinco tribos em que todos os cidadãos eram classifica-
dos. Sua natureza era política. Exemplo: eleição dos
Edis, dos Quaestors, dos Tribunos dos Soldados. No final da República, passava Leis.

Já a Assembleia Plebeia não admitia a participação
de Patrícios. E só podia ser convocada por um Tribuno
das Plebes. Elegia os Tribunos das Plebes.

Mudando de direção, impossível falar da República
Romana sem mencionar o seu melting pot — a Subura.

Era a mais pobre e a mais densamente povoada
parte da cidade. Situada na declividade entre as colinas do Esquilino e do Viminal, tinha um aglomerado
humano notoriamente poliglota e independente de
espírito. No tempo de César, ali se situava a única
Sinagoga de Roma.

Segundo Suetônio, César viveu na Subura até ser
eleito Pontifex Maximus (Sumo Sacerdote), e, em consequência, passou a residir na domus publica. A história
faz sentido: a família Júlia era patrícia, mas sua mãe,
dispondo de parcos recursos, comprou um sobrado na
Subura e o restaurou. Podiam, assim, viver bem, dentro
de suas limitações econômicas.

A República Imperial: Roma como poder mediterrâneo

Até a altura de 300 a.C., a República Romana não de-
monstrou interesse em guerras de conquista.

"CRISTÃOS QUE SE BEIJAM" E O "CREPÚSCULO DOS DEUSES"

Mas, em 264 a.C., sobreveio a I Guerra contra Cartago (I Guerra Púnica).

O grande poder mediterrâneo da época era Cartago (hoje, Tunísia), que tinha tratados de boa vizinhança com Roma. Boa vizinhança, sim, pois Cartago ficava a apenas cerca de 210 km da Sicília, no outro lado do Mediterrâneo.

E a primeira Guerra Púnica nasceu de um pedido de proteção dos líderes gregos de Messina (no Estreito da Sicília), atendido pelos romanos. Gradualmente, Roma foi-se tornando poder marítimo, para poder invadir o norte da África. E, ao fim da guerra, estabelecida a paz, a República Romana havia incorporado a Sicília, Sardenha e Córsega.

Cerca de 40 anos depois, a Segunda Guerra contra Cartago.

Haníbal, o cartaginês, ao realizar inúmeras conquistas na Ibéria (Espanha), levou a cidade de Sagunto a pedir auxílio a Roma, que resolveu atender. Mesmo assim, Sagunto foi conquistada por Haníbal, que, em seguida, resolveu invadir a Itália por terra. Mais tarde, a ele se juntou o irmão, Hasdrúbal.

Entretanto, Sipião, o Africano (sênior), retornou da Espanha, onde obtivera grandes vitórias contra os cartagineses. Eleito Cônsul, obteve (relutante) autorização do Senado para invadir o norte da África e atacar Cartago, talvez dentro da ideia de que a melhor defesa é o ataque. E a última batalha da guerra foi vencida por Sipião (daí — o Africano), contra o próprio Haníbal.

"Cartago tinha deixado de ser, para sempre, um grande poder."

Nas décadas seguintes vieram as Guerras da Macedônia (três guerras), que acabou sob o domínio de Roma.

E um novo elemento se havia introduzido na vida de Roma: a vitória de Sipião, o Africano, trouxera a implantação de um exército profissional e a figura dos War Lords (Senhores da Guerra), com "poderes e ambições autocráticas".

A República Romana nunca mais seria a mesma. Era, agora, uma República Imperial (grande Império), em que grandes generais almejavam Poder Político (também).

E Roma se havia tornado a maior cidade do Mundo Ocidental, com aspecto monumental: a descoberta do concreto permitia a construção de grandes arcos e arcadas.

Declínio e queda da República Romana

A história do declínio e queda da República Romana não pode ser contada sem destacar quatro nomes.

O primeiro foi Gaius Marius, considerado o "terceiro fundador de Roma", e que, embora nascido em Arpinum e de origem plebeia, chegou a ser "The first man in Rome" ("Primeiro Homem de Roma").

Marius chegou ao Senado como Tribuno dos Plebes. Foi seu casamento com Júlia, tia de Julius Caesar, e, pois, de origem patrícia, que o aproximou da corrente patrícia.

Sua oportunidade apareceu quando surgiu a guerra com o Rei Jugurta, da Numídia (África). Marius era apenas legado de Metellus Numidius, mas conseguiu eleger-se cônsul (107 d.C.) e assumiu o comando supremo da guerra. Obteve sucessivas vitórias, e seu lugar tenente, Lucius Cornelius Sulla, armou a captura de Jugurta, que terminou morto.

Nessa altura, estava começando a maciça invasão de tribos germânicas na Gália. Nos anos seguintes, para enfrentá-las, Marius passou a alistar no Exército Romano os head counts (os sem propriedade, como visto) e, com os resultados obtidos, foi eleito Cônsul seis vezes (sendo três in absentia).

Posteriormente, Marius chegou a Cônsul pela sétima vez. Mas a tragédia o esperava: dias após tomar posse, houve um massacre, em que estava envolvido Sulla, e Marius foi assassinado.

O segundo nome a ser destacado é Lucius Cornelius Sulla, de uma família patrícia, mas pobre.

Chegou a Cônsul no ano em que Mitridates, o Grande, de Ponto, tentou assumir o controle da Província da Ásia. Assumindo o comando das tropas romanas, Sulla rumou para a Ásia Menor, mas terminou negociando um tratado com Mitridates.

Feito isso, como havia sido proscrito em Roma, pela liderança de seu adversário político Cinna, invadiu a Itália e aniquilou as tropas da Administração Romana desintegrada. Sulla massacrou os prisioneiros, publicou uma lista de proscritos e realizou uma carnificina, fazendo matar 40 senadores e 1600 cavaleiros (*knights*).

Em seguida, Sulla se fez eleger Ditador pelo Senado e passou a colocar em prática sua visão de como a nação deveria ser reconstruída (visão de um Patrício, sem concessões).

Antes de tudo, foram restaurados os poderes do Senado. Aumentou-se o número de Senadores. Eliminaram-se os poderes dos Tribunos das Plebes.

Aprovada a sua "Constituição", Sulla abriu mão do cargo de Ditador, elegeu-se Cônsul e retirou-se para a vida privada (aliás, depravada), morrendo pouco depois.

Em terceiro lugar, cabe destaque para o nome de Cnaeus Pompeius (Pompeu), que tinha a sua coorte de seguidores na Itália Central e Oriental.

A primeira missão importante de Pompeu foi comandar, como jovem oficial, uma tropa de reforço enviada pelo Senado para esmagar uma rebelião chefiada por Quintus Sertorius, que formara um governo independente na costa oriental da Espanha. Sertorius foi morto por um de seus oficiais, mas Pompeu ficou com as glórias.

Algo semelhante aconteceu com a revolta dos "escravos", liderados por Spartacus, em Capua. O milioná-

"CRISTÃOS QUE SE BEIJAM" E O "CREPÚSCULO DOS DEUSES"

rio Crassus (Marcus Licinius Crassus) esmagou a revolta, mas Pompeu voltou da Espanha a tempo de também participar da vitória romana.

Crassus e Pompeu, em lugar de se voltarem um contra o outro, passaram a exercer o cargo de Cônsul em conjunto, consagrando-se à tarefa de desmontar a "Constituição" de Sulla.

Novas oportunidades militares surgiram para Pompeu quando os piratas do Mediterrâneo Oriental passaram a interferir no fornecimento de grãos a Roma e ao ensejo do recrudescimento da guerra contra Mitridates, de Ponto.

Pompeu resolveu os dois problemas com grande sucesso.

O quarto, e mais importante nome, é Gaius Julius Caesar, a maior e mais controvertida figura da República Romana. Talvez se possa dizer que Caesar personifica as melhores qualidades e os maiores defeitos de sua época.

Vejamos, em síntese, seus principais momentos.

Em primeiro lugar, o Triunvirato que formou com Pompeu e Crassus, quando o Senado Romano resolveu desdenhar as pretensões dos três, que vinham de grandes vitórias. A consequência foi que os três formaram o chamado Primeiro Triunvirato (60 a.C.), cuja essência era que eles passariam a governar o Mundo Romano.

E assim se fez, sendo a aliança, de fundo ditatorial, consolidada pelo casamento de Pompeu com a filha de Caesar, Júlia, e a eleição de Caesar para Cônsul, no ano seguinte.

O segundo momento foi o das conquistas militares.

Nos nove anos seguintes, reduziu à condição de Província toda a Gália (França), circundada pelos Pirineus, Alpes, Reno e Ródano — com a exceção de certas regiões que lhe haviam dado apoio significativo.*

Além disso, construiu, de um lado, uma ponte militar sobre o Reno, conseguindo, com isso, causar grandes perdas aos povos germânicos.

E, de outro, invadiu a Bretanha, até então um país desconhecido, cujo povo subjugou.

O terceiro momento foi o da marcha sobre Roma e a Guerra Civil.

Caesar e sua circunstância.

O primeiro fator foi que a aliança com Pompeu se esvaíra. Júlia morrera em 54.

Pompeu veio, então, a casar com Cornélia, filha de um aristocrata, Scipio, e aproximou-se da nobreza romana. A antiga amizade foi-se convertendo em rivalidade.

Segundo fator: isso aconteceu no momento em que o Cônsul era o mesmo Scipio, sogro de Pompeu e inimigo de Caesar. Como Cônsul, Scipio propôs o imediato retorno de Caesar a Roma, antes do término de seu mandato de Governador, já que a Guerra da Gália estava terminando.

---

* Sobre as conquistas, ver *"The twelve Caesars"*, de Suetonius, *The Folio Society*, Londres, 1964.

Caesar, então, encaminhou-se na direção de Roma e deteve-se às margens do Rio Rubicon, fronteira da Gália com a Itália.

Sobre o famoso cruzamento do Rubicon, naquele momento um mero riacho, por ser a estação seca, há três versões.

Segundo Suetônio*, consciente da decisão crítica com que se defrontava, voltou-se para seu Estado Maior e observou: "Ainda podemos recuar, mas, uma vez cruzada aquela pequena ponte, teremos de enfrentar a luta".

Enquanto ele se detinha, avaliando as duas opções, uma aparição de tamanho e beleza super-humanas surgiu à margem do rio, tocando uma flauta de bambu. Um grupo de pastores a rodeou, para ouvir, e, quando alguns dos legionários de César fizeram o mesmo, a aparição sacou uma trompa de um deles, correu até o rio, emitiu um toque altíssimo e atravessou o rio.

Caesar exclamou: "Tomemos isso como um sinal dos deuses, e sigamos para onde eles nos chamam: a vingança contra nossos traiçoeiros inimigos."

E a conclusão: "A sorte está lançada."

A versão de Plutarco** é que, quando Caesar chegou ao Rubicon, diante da percepção de que estava entran-

---

* Suetônio, "Os doze Césares" (Julius Caesar, posteriormente deificado).
** Plutarco, "As vidas dos nobres gregos e romanos", da coleção "Grandes livros do Mundo Ocidental", Encyclopedia Britannica, Chicago, 1952.

do na área de perigo, passou a remoer na mente a dimensão do empreendimento em que se estava lançando.

Conteve-se e ordenou uma parada, enquanto debatia consigo mesmo, e várias vezes sua opinião se movia para um e outro lado, sem dizer palavra. E, enquanto isso, seus propósitos mais e mais flutuavam.

Chegou a discutir o assunto com os amigos, em torno de si, ponderando quantas calamidades o simples cruzar do rio traria para a humanidade, e que imagem seria transmitida para a posteridade.

"Finalmente, numa espécie de ímpeto, deixando de lado os cálculos, e abandonando-se ao que poderia sobrevir, e usando o provérbio frequentemente usado pelos que se lançavam em perigosos e arrojados lances, "A sorte está lançada", com essas palavras ele cruzou o rio."

A terceira versão é moderna*, e leva em conta as outras duas.

Caesar, montado, dirigiu-se para o reluzente córrego. E lá, na estreita margem, fez uma pausa.

"É aqui. Eu posso ainda fazer um retorno. Ainda não abandonei a legalidade, a constitucionalidade."

"Mas é só cruzar esse inexpressivo rio, eu passo, de servidor de meu País a seu agressor. Mas eu sei isso. Faz dois anos que eu já sabia disso. Passei por tudo. Incríveis concessões."

---

* Ver "Caesar", de Colleen McCullough (na série de romances "*The masters of Rome*"), Avon Books, NYC, USA, 1997.

"Mas, ao longo de cada passo da jornada, eu sabia que eles não iriam ceder. Que estavam determinados a cuspir em mim, esfregar minha cara na poeira, transformar em nada Gaius Julius Caesar. Que não é um nada. Que jamais consentirá em ser um nada."

"Você o quis, Cato. Agora, você vai tê-lo. Você me forçou a marchar contra meu País, virar a face contra o lado da Lei. E, Pompeu, você está em vias de descobrir o que é enfrentar um inimigo competente. No momento em que Toes (meu cavalo) molhar suas patas, eu sou um fora da Lei. Para remover a mancha de fora da Lei do meu nome, terei de ir à guerra, enfrentar meus próprios compatriotas — e ganhar."

Repentinamente, Caesar jogou a cabeça para trás e riu, lembrando uma linha de seu poeta favorito, Menander.

"Que a sorte voe bem alto*", gritou no original grego. Chutou Toe, levemente, nas costelas, e lançou-se através do Rubicon, na Itália e na rebelião.

A sequência é sabida.

Caesar rapidamente assumiu controle da Península (Itália), enquanto Pompeu e os Cônsules atravessavam o Mar Adriático.

---

* Segundo McCallough, Pollio, que estava presente à cena, disse que Caesar realmente citou o poeta e dramaturgo Menander, e em grego, não em latim (não teria sido, portanto, *"Alea Jacta Est"*). Em inglês, a citação seria *"Let the dice fly high"* e não *"The die is cast"*, que é fatalista.

A grande batalha entre Caesar e Pompeu só foi ter lugar bem depois, nos Bálcans (Tessalônica). Pompeu fugiu para o Egito, onde foi assassinado pelo Governo Ptolomaico.

Após derrotar, um ano depois, os filhos (dois) de Pompeu, Gaius Julius Caesar tornou-se o Senhor único do Mundo Romano.

Só então pode iniciar o seu programa de construção, já a caminho da autocracia. Tanto que, como Sulla, preferiu o título de Ditador. Reeleito várias vezes, terminou, em 44 d.C., sendo eleito vitaliciamente.

Entretanto, quando se soube que Caesar pretendia realizar conquistas no Oeste, superando Alexandre, o Senado viu-se na condição de ser governado, não por um Ditador, mas pelo preposto de um Ditador.

O resultado foi que, antes disso acontecer, Brutus e Cassius...

A VERDADEIRA HISTÓRIA DE SPARTACUS*

"Ele era um trácio (thracian) que não era trácio"

Como gladiador, foi colocado na categoria de Trácio, mas tinha mais as características de Gaulês (no Império Romano, só havia essas duas categorias de gladiadores), pela sua formação militar.

Além disso, e mais importante, era cidadão romano. Seu pai era da região de Campania e tinha cidadania romana.

Apesar da origem camponesa, o pai, percebendo a vocação militar do filho, conseguiu colocá-lo como

---

* O filme *"Spartacus"*, de Stanley Kubrick, é excelente. Mas baseia-se em um romance que deixa a desejar, como verdade histórica. A versão aqui apresentada baseia-se em *"Fortune's favorites"*, de Colleen McCullough, autora da série *"Masters of Rome"*.

cadete na Legião recrutada por Marcus Crassus para Sulla, o Ditador.

Antes dos dezoito anos, já se havia distinguido em batalha, recebido condecorações e foi transferido para uma das legiões de veteranos de Sulla.

Vale a pena considerar os seus momentos cruciais.

Primeiro momento: condenado à "Villa Batiatus"

Desenvolvia-se bem na carreira militar, até que sua legião ficou meses estagnada, sitiando a cidade-porto de Salonae.

Não havia o que fazer, salvo esperar, mês após mês, que a cidade se rendesse. Duas vezes pediu transferência para uma legião na Espanha. E duas vezes seu pedido foi negado. Com isso, sua conduta começou a deteriorar: insubordinação, bebedeiras, ausências sem autorização.

Terminou envolvendo-se num episódio, junto com outros colegas, que foi classificado como insubordinação. Levado a julgamento, recebeu sentença de culpado.

Foram-lhe, então, dadas as alternativas: ser exilado da Itália ou tornar-se gladiador.

Optou, claro, pela segunda, sendo, então, enviado para uma escola de gladiadores.

Enviado para uma escola de gladiadores perto de Cápua, escolheu, então, como gladiador, o nome Spartacus.

Dos dois estilos existentes (Trácio e Gaulês), foi colocado na categoria de Trácio.

Havia, entretanto, um problema.

Ser gladiador, nas escolas tradicionais, era considerado um esporte, não uma guerra. E, como dito, a vocação de Spartacus era para a carreira militar.

Em consequência, numa luta com um adversário Gaulês, este lhe causou uma ferida no traseiro. A reação instintiva de Spartacus foi de aplicar-lhe um golpe de sabre no pescoço. Era uma vez um Gaulês.

Como resultado, recebeu a sentença do chefe dos gladiadores: "Você nunca será um gladiador."

Foi, então, transferido para uma escola de gladiadores de outro gênero, ironicamente denominada "Villa Batiatus".

Na verdade, um cárcere.

Os "gladiadores" de Batiatus viviam confinados em celas, onde eram alimentados e onde recebiam as visitas de um grupo de mulheres, em rodízio, para não haver ligações afetivas.

Saíam da cela apenas para as lutas, em diferentes locais. E em estilo diferente dos gladiadores tradicionais.

Na Villa Batiatus, as mulheres escravas eram também, eventualmente, gladiadoras. Sua líder, Aluso, Trácia, foi-se aproximando de Spartacus, pelo seu ódio a Batiatus, que não lhe permitira ter um filho dele.

Segundo: *Spartacus no monte Vesúvio, e formação de um exército*

Com o passar dos meses, *Spartacus* foi fazendo camaradagem com os outros gladiadores da Villa (ao todo, cem) e criando um canal de comunicação com as mulheres escravas, através de Aluso.

Em resumo, Spartacus e seus dois lugares-tenentes — Crixus e Oenomanos —, desertores de legiões romanas, montaram uma insurreição de gladiadores, na alvorada de certo dia. Antes que os guardas percebessem o que acontecia, já haviam sido desarmados ou mortos.

Conseguindo acesso ao depósito de armas, Spartacus, acompanhado por Aluso, comandou o seu grupo para fora da Villa Batiatus, E, como seria natural que fossem para Cápua, encaminharam-se, ao contrário, na direção do Monte Vesúvio.

O Vesúvio, à época, era um monte coalhado de vinícolas, pomares, plantações de trigo e de legumes. Solo profundo e fértil.

Como Spartacus conhecia bem a área, o primeiro dia foi dedicado à construção do acampamento, como abrigo temporário.

No fim do dia, colocou ao seu lado Aluso (como sua companheira e comandante das mulheres), Crixus e Oenomanos.

E dirigiu-se à tropa dizendo, essencialmente:

"Antes de tudo, ninguém é forçado a ficar conosco, ou fazer juramento de obediência. Correntes, nunca mais. Sejamos livres."

Alguém levantou a dúvida:

"Se vamos ser caçados, não seria melhor espalhar-mo-nos? Se cada um for para onde quiser, alguns haverão de escapar."

Spartacus:

"Há um elemento de verdade no que você diz. Mas não sou favorável à ideia. Temos um mínimo de armas e alimentos. Seremos caçados como criminosos. E cedo nos matarão."

Crixus:

"Que fazer, Spartacus?"

Spartacus levantou a cabeça, como um líder, e falou:

"Vou dizer o que gostaria que fizéssemos. Pensem e amanhã, a esta mesma hora, estaremos aqui reunidos, para decidir livremente."

Explicou, então:

"Todos vocês já ouviram falar em Quintus Sertorius, um homem revoltado contra o sistema que produz coisas como a "Villa Batiatus". Ele hoje domina a Espanha. Minha proposta é que formemos um grupo maior e vamos juntar-nos a Quintus Sertorius, na sua marcha sobre Roma, para assumir o poder e mudar o sistema.

"Podemos aliciar Lucanos*, Samnitas**, escravos da Campania e outros descontentes, em busca de um novo regime para Roma. Formar o núcleo de um Exército.

---

* Da região de Lucania, sul da Itália.
** Da região de Samnium, centro da Itália.

"Pelo meu lado, penso que a prisão é pior que a morte. Pensem, e amanhã decidiremos."

Na saída, Aluso falou:

"Eles votarão por você, amanhã."

E assim aconteceu.

Em três semanas, na encosta do Vesúvio já havia cerca de 1.000 voluntários. Como Spartacus havia dito: Samnitas e Lucanos, porque não aceitavam a forma como Roma governava a Itália. Escravos, porque queriam ser livres.

Pouco tempo depois, Spartacus foi informado por Crixus de que uma expedição punitiva estava chegando à região do Vesúvio, sob o comando de um Pretor.

Na madrugada do dia seguinte, a expedição, formada por meia legião, havia deixado de existir.

Quando chegou a notícia de que os Pretores Plubius Varinius e Lucius Cossinius estavam vindo de Cápua com duas legiões, Spartacus concluiu que o tempo de permanência no Vesúvio se havia esgotado.

Após a batalha que se seguiu, Varinius não sabia se sua derrota havia sido causada pelo fato de as tropas adversárias serem em maior número que o esperado, ou porque muitos de seus legionários se recusavam a lutar: "Não podemos."

E Cossinius fora morto tentando levar à luta um grupo de desertores.

O Senado decidiu enviar quatro novas legiões para lutar sob o comando de Varinius.

"CRISTÃOS QUE SE BEIJAM" E O "CREPÚSCULO DOS DEUSES"

Entretanto, a essa altura, a legião de Spartacus havia crescido expansivamente, transformando-se num exército de cerca de 25.000.

Pouco depois, o Senado veio a saber que havia 40.000 rebeldes, organizados sob a forma de oito eficiente legiões, bem treinadas.

Terceiro: "Terá que ser a Sicília"

Algum tempo depois, o Exército de *Spartacus* já alcançava 90.000 homens (e em crescimento), organizados em legiões. Além de 40.000 mulheres (e os filhos).

Para a manutenção, o recurso foi voltar-se para as cidades no caminho — aquela que não cooperasse era saqueada, como exemplo.

Nessa altura, entretanto, houve a cisão.

Crixus e sua tropa de 30.000 decidiram não seguir para a Espanha, a fim de reunir-se a Quintus Sertorius. Disseram que permaneceriam na Itália, pois em breve Sertorius estaria chegando.

Spartacus, todavia, com os restantes 60.000 (e mulheres, etc.), foram na direção Norte, para alcançar a Espanha.

Enquanto isso, dois Cônsules, Gellius e Clodianus reuniram-se em Cápua, com Quintus e Arrius (comandante da extinta expedição punitiva).

Conhecedores da cisão, montaram uma estratégia: Quintus Arrius, com sua legião, prepararia uma emboscada para Crixus mais ao Sul. Ao Norte, montar-se-ia um cerco a Spartacus: Gellius, com uma legião, atacaria pelo sul, e Clodianus, com as restantes duas legiões, surpreenderia Spartacus pelo norte.

Em verdade, Crixus foi derrotado mas Spartacus fez com Quintus Arrius o que havia sido feito a Crixus. E a legião de Gellius fugiu em pânico, ao defrontar-se com o Exército de Spartacus.

Feito isso, pôde este voltar-se para o ataque a Clodianus. A vitória foi fácil.

Quando Spartacus se encaminhou ao encontro de seu líder político, Quintus Sertorius, o Governador da Gália (Itália), Gaius Cassius Longinus, fez uma tentativa de interceptá-lo. Terminou derrotado e prisioneiro.

Agora, Spartacus tinha em seu poder dois comandantes romanos — Gaius Cassius e Gnaeus Manlius, seu legado (assistente).

Decidiu conversar com eles. Para isso, sentou-se num pódio, trajando uma toga branca e mandou-os trazer acorrentados.

Quando se dirigiu a eles em latim, a reação foi:

"Você é italiano!"

"Não, sou romano. Mais, sou um Tribuno Militar. Tornei-me gladiador por uma condenação injusta."

"Então, mate-nos, e o assunto está resolvido."

Spartacus sorriu:

"Não tenho intenção de mandá-los matar. Vou libertá-los, agora que tiveram a experiência de serem acorrentados."

Acrescentou:

"Desejo que voltem a Roma e digam ao Senado que estou a caminho, para associar-me a Quintus Sertorius. E então Quintus Sertorius e eu marcharemos de volta à Itália. A Roma de vocês não tem chance alguma, Procônsul."

Cassius e Manlius se entreolharam, e as emoções passaram a refletir-se em suas expressões — fúria, horror, surpresa. No fim, ironia.

Cassius:

"Idiota! Você não tem um serviço de inteligência, seu líder de bárbaros. Sertorius está morto! Não existe mais exército rebelde na Espanha."

E riu.

Spartacus levantou-se e saiu correndo da sala, com as mãos nos ouvidos.

Algum tempo depois, Spartacus sentou-se com Aluso e comentou:

"Que vou fazer? Tenho um Exército sem objetivo, um povo sem lar."

Dias depois, a marcha foi retomada, mas em direção ao Oriente. Se o grande inimigo da Roma atual no Ocidente estava morto, restava a alternativa de aliar-se a Mitridates, o grande inimigo no Oriente. A sugestão fora de Aluso, e Spartacus achou que fazia sentido.

Entretanto, dias depois veio procurá-lo uma grande delegação de Legados, Tribunos, Centuriões.

A essência do que vinham dizer, em nome da tropa:

"Não sairemos da Itália."

Spartacus:

"Então, eu não vou abandonar vocês. Sem mim, vocês vão desintegrar-se. Os romanos vão matar todos vocês."

Quando a delegação se afastou, Spartacus se voltou para Aluso, mal escondendo o desapontamento:

"Estou derrotado, mulher. Não por um inimigo externo, não por Roma. Eles não entendem."

Depois, parou, acalmou-se um pouco.

Passado algum tempo, refletiu e disse:

"Sicília. Terá que ser a Sicília."

Quarto: Crassus — O Exterminador e "Favorito da Fortuna"

O passo seguinte que Roma tomou foi a designação de Marcus Licinus Crassus, um dos homens mais ricos do Império e um grande general, para comandar a guerra contra *Spartacus*, comandando oito legiões e com plenos poderes (*Proconsular Imperium*).

A primeira decisão de Crassus foi designar Marcus Mummius para arrebanhar o que restava das legiões que tinham tentado cercar Spartacus.

O problema é que, quando elas foram reunidas num só acampamento, Spartacus e seus Spartacani (seguidores de Spartacus) as atacaram.

A derrota foi completa para as tropas romanas, principalmente porque os legionários temiam Spartacus como crianças temem um bicho papão.

"CRISTÃOS QUE SE BEIJAM" E O "CREPÚSCULO DOS DEUSES"

No final da batalha, cinco coortes* mortas. Quinze, sobreviventes.

Quando Cassius chegou ao local e recebeu as explicações de Mummius, seu comentário foi:

"Que vou fazer com quinze coortes de legionários que não têm estômago para enfrentar o inimigo?"

Depois, perguntou:

"Quantos são?"

Mummius:

"Quinhentos por coorte. Um total de 7.500."

Cassius pensou um instante e, calmamente, falou:

"Eu os irei dizimar."**

Silêncio profundo.

Cassius:

"Amanhã, ao nascer do sol, todo o nosso Exército vai estar formado."

E assim se fez.

Na alvorada, as seis legiões estavam formadas.

Em frente a elas, os soldados a serem dizimados, vestidos apenas com túnicas e sandálias.

Após Caesar (o Pontífice do Exército de Crassus) ter oficiado e dito que havia aprovação divina, o general falou:

"Estamos aqui reunidos para testemunhar uma punição tão rara, tão severa, que não foi aplicada em muitas

---

* Cada uma das dez divisões de uma legião romana (compreendendo de 300 a 500 legionários).
** Em linguagem militar: matar um em cada grupo de dez.

gerações. Como só o Senado poderia determinar o extermínio de todos os soldados das quinze coortes em frente a nós, eu vou usar os poderes ao meu dispor e mandar fazer a dizimação."

Parou.

As seis legiões aplaudiram.

Realizou-se, então, o sorteio. Cada decúria sorteava um soldado para morrer. Portanto, 750 seriam mortos.

E assim aconteceu, ao longo de treze horas. Decapitados.

Enquanto isso, Spartacus e seu Exército chegavam ao pequeno porto de Scyllaeum, em frente à Sicília.

Como a preocupação era de atravessar o estreito que levava à Sicília antes de chegar o inverno, Spartacus teve de recorrer a dois almirantes de piratas na região, Castus e Gannicus

Feita a negociação, e pagos 50% do preço acordado, chegou a hora da espera. Cinco dias. Tempo bom, e os barcos dos piratas não chegavam.

No 16º dia, Aluso falou:

"Você foi roubado."

Spartacus olhou para o mar, para o céu, e, contendo as lágrimas, falou:

"Eu fui roubado."

Mais para o fim do dia, reuniu-se com os dois lugares-tenentes, Castus e Gannicus, e começou dizendo:

"Fizeram de mim um palhaço."

Um momento depois:

"Está feito. O que importa agora é o nosso futuro: temos que resistir na Itália até o verão, quando poderemos, livremente, alugar barcos na Campania e Rhegium, e atravessar o estreito para a Sicília."

Sabia-se da vinda de um novo Exército Romano para a península, mas as vitórias anteriores levaram Spartacus a não se preocupar muito com isso. O inimigo seria enfrentado quando chegasse a hora.

Havia problemas mais imediatos. E ele, como patriarca, tinha que preocupar-se com prover um mínimo de bem-estar a toda aquela vasta família: seu Exército, as mulheres, as crianças. Casa e comida, principalmente.

Permaneceram nas proximidades do Porto de Scyllaeum.

Enquanto isso, Crassus marchava com seu Exército (oito legiões) rumo ao Sul da Itália. Sem grande pressa, e com um único objetivo: extirpar os Spartacani.

Em certa altura do trajeto, recebeu uma carta do Governador da Província, Gaius Verres, dizendo ter ouvido uma curiosa história: Spartacus teria negociado com dois almirantes de piratas para transportar 20.000 Spartacani para a Sicília. Mas, tendo pago metade da quantia acertada, ficou a ver navios. Até hoje."

E concluiu:

"Spartacus não tem sorte. Mas você, caro Marcus Crassus, já provou ser um dos Favoritos da Fortuna."

Crassus voltou-se para Caesar, que escutara a leitura da carta, e, olhando para o céu, observou:

"Vai nevar esta noite. E amanhã cedo iremos iniciar a marcha para Scyllaeum."

Quinto: o cerco de Spartacus

Nas proximidades de Scyllaeum, Crassus ouviu os relatos de seus observadores. Depois, comentou para Caesar:

"Os Spartacani estão num promontório, junto ao porto, entre duas ravinas. Se construirmos duas muralhas ligando esses despenhadeiros, eles ficarão sitiados."

Caesar:

"Não por muito tempo."

Crassus:

"O tempo suficiente. Quero vê-los com fome. Frio. Desesperados. E, quando eles romperem o cerco, terão de fazê-lo em direção a Lucania, ao norte. Porque não podem ir para o sul, a Sicília."

Caesar:

"Isso você vai conseguir."

As muralhas foram construídas (os romanos tinham experiência nisso), com a ajuda do tempo — neve o tempo todo. Em torno delas, oito acampamentos: um para cada legião.

Enquanto isso, um esquema de êxodo em massa estava sendo iniciado no Porto de Scyllaeum: jangadas haviam sido construídas e atreladas aos barcos de pesca, ali existentes. Naturalmente, a ideia era, com esse esquema, atravessar o estreito, para chegar à Sicília.

Inventivo, mas perigoso: os pequenos barcos não tinham sido construídos para arrastar jangadas carregadas de gente. Resultado: desastre. Jangadas entornando e jogando gente na água.

Do alto do Monte Sila, Crassus e Caesar acompanharam o fracasso da tentativa de êxodo pelo estreito.

Crassus:

"Spartacus vai lamentar que poucos tenham morrido afogados."

Resposta de Caesar:

"Talvez não. Spartacus ama seu povo. Cada um dos que estão naquela imensa horda. Se não fosse assim, ele já os teria abandonado um ano atrás, levando consigo apenas um pequeno grupo de amigos próximos."

Crassus:

"Amor — então, ele é um idiota."

Caesar:

"Sim. Mas é como ele é. Um líder, não um rei por herança."

Os meses seguintes foram um duelo entre Spartacus e Crassus. Um tentando romper a muralha e o outro rechaçando. Enquanto isso, a comida ia-se reduzindo a um mínimo no acampamento dos Spartacani.

Sexto: Crassus e a crucificação

Finalmente, *Spartacus* enviou Aluso para saber de Crassus as condições de rendição.

Ao recebê-la, com os seus legados e Tribunos de Soldados, Crassus indagou:

"Por que Spartacus não veio pessoalmente?"

Aluso:

"Spartacus não confia em você nem sob uma bandeira de trégua."

Aluso era a própria figura de um bárbaro, com os troféus que levava, inclusive uma caveira dependurada na cintura (Batiatus). Mas tinha o seu atrativo.

Entretanto, não impressionou Crassus. Talvez porque Crassus fosse à prova de qualquer atração que não fosse o dinheiro.

Por isso, sua resposta foi, simplesmente:

"Diga a seu marido que não há condições de rendição. Ele começou isso. Que vá até o fim."

Aluso:

"As mulheres e crianças estão morrendo de fome."

Crassus não deu resposta.

O tempo, nos dias seguintes, foi tal que a neve virava gelo, no solo.

Veio, então, uma enorme tempestade de neve, de tal modo que pilhas e pilhas de neve se acumulavam no solo.

Spartacus viu a oportunidade.

E, no ponto em que uma escavação estreita e a muralha formavam uma ravina, Spartacus determinou que todo seu Exército se concentrasse num esforço para, jogando na ravina tudo que estivesse à mão (pedras, toras de madeira, animais e homens mortos), galgar a muralha e fugir.

E, assim, toda aquela massa humana — cerca de 100.000 pessoas — pulou a muralha e se lançou no meio da tempestade.

Dois grupos, em direções diversas: um, mais organizado, sob o comando de Spartacus. O outro, como pôde, sob Castus e Cannicus.

Numa pequena cidade, Vollei, Castus e Cannicus encontraram comida em abundância e mandaram notícia a Spartacus, que se veio reunir a eles.

Mas apenas o tempo necessário para reabastecimento. De modo que, quando Crassus, que tinha um bom serviço de inteligência, realizou seu ataque para extirpar os Spartacani, só encontrou o contingente chefiado por Castus e Cannicus, que foi aniquilado.

A essa altura, Spartacus já estava à margem do Rio Tanagrus. Lá, recebeu a notícia de que o Senado havia enviado reforços para Crassus, sob o comando de Varro Lucullus, vindo da Macedônia.

Quando o portador da notícia se afastou, Aluso aproximou-se de Spartacus:

"Termina aqui."

Spartacus:

"Eu sei, mulher."

Spartacus sentia-se cansado, e com o peso na consciência, do erro cometido em Scyllaeum, tentando o êxodo em massa para a Sicília.

Constatou que em breve estaria encurralado. E Crassus iria contar ainda com mais tropas, enquanto ele havia perdido o contingente chefiado por Castus e Cannicus.

Parou para refletir:

"Afinal, que pensava eu que iria conseguir. Eu, um romano comum, da encosta do Vesúvio, onde deveria ter permanecido, com a família? Criar uma nova Roma? Vou plantar-me, com meu pequeno Exército, no local que escolher. E travar a batalha final. Há, pelo menos, o consolo de morrer um homem livre."

Mandou preparar uma carruagem e nela colocou Aluso e o filho deles. Aluso nada prometeu.

Sabendo que o gigantesco exército de Crassus estava chegando, Spartacus reuniu seus 40.000 Spartacani. Na frente deles, tomou a espada e matou o próprio cavalo, Batiatus.

Depois olhou para o Exército formado, em frente. Mas não disse palavra.

A reação dos Spartacani foi ovacioná-lo. Longamente.

Pouco depois, começou a batalha. No meio da luta, Spartacus recebeu uma ferida na perna e caiu. Sobre ele rolaram soldados dos dois exércitos, à medida que a batalha prosseguia.

Tantos e tantos que, ao fim de um tempo, estava sob eles submerso. soterrados.

Dias depois, Crassus comentou com Caesar:

"Não foi uma longa campanha, realmente. Cerca de seis meses. E Spartacus está morto."

Caesar:

"Há uma dificuldade, Marcus Crassus."

"Como?"

"Spartacus não foi encontrado."

Crassus:

"Impossível. Eu vi o lugar em que ele caiu."

Caesar:

"Posso leva-lo até lá. Procuramos e procuramos. Ele não está lá."

"Estranho."

Caesar prosseguiu:

"E a mulher também. Aluso. Não a achamos em lugar algum."

"Muito estranho."

Caesar:

"Muita gente está dizendo que a viu tomar uma carruagem, puxada por serpentes, e alçar voo."

Crassus:

"Traços de Medeia. Com isso, Spartacus se torna uma espécie de Jasão."

Dois ou três meses depois, Marcus Crassus falou a Caesar:

"Vou completar o extermínio dos Spartacani de tal modo que em Roma nunca mais haverá rebelião de escravos."

Caesar:

"Marcus Crassus, nós sabemos que não houve apenas uma rebelião de escravos. Havia um montão de Samnitas e Lucanos."

Crassus fez que não ouvia.

"É. Vai ser algo que os escravos, no Império Romano, jamais esquecerão."

Caesar:

"E como vai ser?"

Crassus:

"Veja só. Temos 6.600 prisioneiros, do Exército de Spartacus. Ora, a distância entre Cápua, onde estamos, e Roma, é tal que, fazendo a divisão por 6 600, temos 30 metros para cada homem."

Acrescentou:

"É assim que vai ser: vamos crucificar os prisioneiros de 30 em 30 metros um do outro. De modo que, de Cápua a Roma vai haver uma longa fila de Spartacani, crucificados até ficarem deduzidos à ossada, sem nenhuma carne."

"E será na Via Ápia."

Desta forma, quando, no fim de junho, Crassus, seus Legados, Tribunos dos Soldados e Tribunos Militares (por ele nomeados), fizeram a cavalgada, pela Via Ápia, de Cápua a Roma, havia um alinhamento de cruzes de ponta a ponta.

"E assim, refletiu Caesar, o ciclo se fechou: a campanha que havia começado com uma Dizimação terminou como uma Crucifixão."

Otávio Augusto e o Império Romano

A *PAX ROMANA* E A REVOLUÇÃO DA CRUZ

A grande realidade dos dois primeiros séculos da Era Cristã era o Império Romano, que se corporificava em duas coisas: estabilidade e grandeza.

Grandeza: na altura da Paixão de Cristo (e sua Ressurreição), o Império romano compreendia cerca de três milhões de quilômetros quadrados. E algo como 55 a 60 milhões de habitantes.

A partir da costa marroquina, no Atlântico, acompanhava o curso do Reno e do Danúbio, fronteiras naturais que separavam o Império dos povos "bárbaros" (germânicos). A Ásia Menor era outra fronteira natural. Passando pelo Egito, incorporava-se a Síria, Palestina e Províncias africanas.

Talvez a Idade de Ouro do Império, esses dois séculos foram, essencialmente, a criação de um homem excepcional, Otávio Augusto, que repensou Roma e seu Império, a partir da sucessão de crises do último século da República.

"Senhor do Universo", Augusto foi, também, "Senhor de si mesmo."*

O regime por ele estabelecido irá perdurar até 192 d.C., ano em que Cômodo é assassinado. Abrangeu, pois, três dinastias: primeiro, a da família de Augusto, constituída por representantes da alta aristocracia.

Em seguida, a partir de 69 d.C., o que se chamaria de pequena burguesia estabelece um regime de "Ordem, tenacidade, economia" (e mediocridade, embora também sem a loucura de Calígula e Nero). Símbolo: a política dos Flávios.

Volta, com a Terceira Dinastia, 96 a 192 d.C., o domínio da aristocracia. Mas, igualmente, homens notáveis, como Adriano, Antonino e Marco Aurélio. E tempos de política mais moral e mais social.

Foi nesse ambiente de "Pax Romana" que o Cristianismo se foi universalizando, a despeito das perseguições e martírios.

Fatores favoráveis havia.

Podemos mencionar o Império da Lei, os meios de Comunicação — estradas e Mar Mediterrâneo —, fecundação do mundo latino pelo pensamento helênico.

---

* Ver "A Igreja dos Apóstolos e dos martires", Daniel Rops, Ed. Quadrante, São Paulo, 1988.

A ERA DE AUGUSTO

Ascensão e reformas de Augusto

Gaius Octavius (Octavianus), sobrinho e filho adotivo de Julius Caesar, talvez possa ter sua vida dividida em três fases.

Na primeira, formou com Marcus Antonius e Marcus Aemilius Nepidus o Segundo Triunvirato, para, inicialmente, enfrentar os assassinos de Julius Caesar — Brutus e Cassius.

Estabelecido formalmente, o Triunvirato lhes dava poder ditatorial por cinco anos.

Mas houve uma sucessão de desencontros entre os triúnvaros, que só foram resolver-se com a derrota de Marcus Antonius (e Cleópatra), na batalha naval de Actium (31 d.C.). No ano seguinte, os dois amantes cometeram suicídio.

A vitória em Actium transformou Octavius em "Senhor da Guerra" e "Senhor do mundo".

A segunda fase corresponde ao período em que Octavius "transfere o Estado, de seu controle para o poder do Senado e do povo romano". A razão essencial é que uma lição fora absorvida por Octavius: o exemplo de Julius Caesar mostrara que Roma não gostava do poder ostensivo. A aparência era de que se estava restabelecendo a *Res Publica*.

Posteriormente, quando seu tio e pai adotivo foi deificado, acrescentou ao próprio nome o apelativo Augustus, que, a partir daí, ficou consagrado. Um título que inspirava reverência, mas não tinha conotação ditatorial.

A terceira fase foi de reformas, para que a administração romana, nos Três Poderes, funcionasse bem. E reconstrução.

Quanto a este último aspecto, Augusto se orgulhava de dizer que havia encontrado uma Roma de tijolo e havia deixado uma Roma de mármore, principalmente quanto aos edifícios públicos.

SIGNIFICADO DE ROMA

Divinização de Roma e Augusto

Apesar das facilidades proporcionadas pelo Império Romano à expansão do Cristianismo, é necessário entender que havia, entre os dois, uma incompatibilidade essencial.

Basta recordar que, em diversos locais da Ásia Menor, existem inscrições datadas do primeiro século, do tipo: "A Providência enviou-nos Augusto como "Salvador", para por fim à guerra, e ordenar todas as coisas: o dia do seu nascimento foi para o mundo o começo da Boa Nova".

Para o homem da época, a divindade estabelecia o destino — felicidade ou infelicidade.

Em razão disso, quando começou, com Augusto, a Idade de Ouro do Império romano, foi-se estabelecendo o culto a Roma e Augusto. E a influência Oriental contribui para essa divinização, que pareceria estranha à Grécia Antiga e à Roma Antiga.

Julius Caesar foi divinizado, e sinais desse fato chegaram aos nossos tempos, através do mês de julho de nosso calendário. A divinização de Augusto sobrevive na referência contida no nosso mês de agosto.

É um culto que tem raízes na gratidão das massas.

Sem embargo, pode-se perceber a oposição essencial entre o Cristianismo e o Império.

Para um mundo que usufruía de grande bem-estar material, e tinha isso como valor altíssimo, o homem de quem esse tipo de bem-estar se originou afigurava-se o "Salvador", e, por isso, era endeusado.

Mas não era essa a religião de Cristo, nem era isso a sua "Boa Nova" — o Evangelho.

Daí a trágica animosidade entre o Império e a Cruz, ao longo dos primeiros séculos da nossa Era.

LEGADO DE ROMA

Alguns pontos a destacar sobre a herança que nos deixou Roma

Inicialmente, a Civilização Romana não poderia ter sido o que foi sem a Civilização Grega. Mas não foi uma assimilação passiva, nem a única grande influência. Por exemplo, como vimos, houve, principalmente nos primeiros tempos, a influência Etrusca.

A verdade é que as duas Culturas — Grega e Romana — continuaram a interagir depois que Roma absorveu o Mundo Grego. Daí, a formação do Mundo Clássico.

Em segundo lugar, o Império Romano é a história da criação e manutenção de uma Sociedade Multiétnica, que continuou mesmo durante o período dos maus imperadores (e, até, dos monstros).

Os romanos disseminaram os ideais da Educação e Cultura Gregas onde quer que fizessem conquistas. A ideia era que todo romano (exceto as mulheres e os escravos), desde a Bretanha até a Pérsia, tivesse uma Educação de nível comparável à de um morador de Roma.

E o *know-how* grego, em muitos campos — Cerâmica, Metalurgia, Alquimia —, era incorporado aos tratados de divulgação distribuídos ao longo do Império.

Mas a Ciência e Tecnologia próprias de Roma não acompanhavam o desenvolvimento dos diversos campos da Cultura. Por falta de interesse.

Outro ponto é a gestão do Império. Os Impérios do século XIX e XX teriam a aprender com a Administração do Império Romano, com seu sistema de Províncias e, principalmente, de Reis-clientes. Estes, na verdade, administravam seus reinos para o Império Romano (pagando impostos, para isso).

Finalmente, a conjugação de todos esses fatores, que levou à longa, longuíssima, duração do Império Romano: algo como cinco séculos.

Entretanto, à Civilização Clássica faltava um elemento. Fundamental. Um Novo Mundo estava emergindo, quando Augusto se tornou Imperador: o Cristianismo, proveniente de uma área pouco conhecida do Império — a Galileia.

E esse elemento viria a ser a pedra angular da Civilização Ocidental.

PARTE VI

Roma e a Revolução da Cruz

A Cruz no Império

OS PILARES DA CIVILIZAÇÃO DO IMPÉRIO: FRAQUEZA E FORÇA

Nos dois primeiros séculos da nossa Era, o Império Romano estava no auge do poder. Mas havia riscos latentes de um futuro declínio (não decadência), embora certos pilares garantissem a força do Império e o seu Poder Criativo e Civilizatório*.

Para entender a situação, é preciso considerar as estruturas da Sociedade e da Civilização Romana.

O primeiro ponto é a tendência a uma desproporção enorme entre o pequeno núcleo de governantes e a grande massa de governados.

Massa de governados em que existia um percentual enorme de escravos. As conquistas colocavam em poder dos governantes uma verdadeira multidão de escravos.

---

* Ver Daniel Rops, "A Igreja dos Apóstolos e mártires" (capítulo "Roma e a Revolução da Cruz").

Augusto cristalizou legalmente esse abismo entre a elite e as massas, reservando os cargos e posições importantes para os Patrícios (nobreza hereditária) e os Cavaleiros (*knights*). Eram os participantes da riqueza do Império.

Segundo ponto: a corrupção crescente, ligada às duas grandes fontes de riqueza que afluíam de todas as partes do Império: o ouro e os escravos (que também valiam ouro). A quantidade em que essas fontes de riqueza desaguavam em Roma era impressionante.

E, com elas, a escalada da corrupção e a desagregação dos valores sociais.

Em terceiro lugar, a questão das raízes. Entre os povos conquistados, "muitos tinham uma concepção de Mundo e uma Civilização mais evoluída que o conquistador".

Horácio: "A Grécia conquistada conquistou o seu terrível vencedor." "Arte Grega, Pensamento Grego, Religiões Orientais, Costumes da Ásia — é uma torrente ininterrupta que, partindo do Oriente, vem desaguar na Itália, trazendo consigo o melhor e o pior."

E não havia um *"melting pot"* — um caldeirão, em que se misturassem diversos elementos para formar uma Sociedade Nova e um Mundo Novo. Porque as classes superiores se mantinham à parte, com seu poder, sua riqueza, seu mundo viciado por falta de valores.

Sem embargo, não havia em Roma, no Alto Império, um espírito de Revolução.

Porque, de um lado, permaneciam certas ilhas de valores e virtudes sólidas, geralmente fora da área dos poderosos. Isso está retratado em textos menos conhecidos e outros tipos de documentos — inclusive epitáfios. "É o terreno do amor conjugal, a ternura para com os desamparados, a piedade filial, a afeição fraterna — sentimentos louváveis em frases comoventes."

"Mesmo na aristocracia, e até em volta do trono imperial veem-se imagens admiráveis, que continuarão a iluminar até os tempos de declínio."

Epitáfio de um casal: "Tínhamos um só coração."

Sem embargo, impossível subestimar o fato de que, nas grandes cidades, e sobretudo em Roma, havia "uma massa popular mais ou menos ociosa, formada por camponeses desenraizados, trabalhadores autônomos agora privados de trabalho, escravos libertos, estrangeiros cosmopolitas — um terreno excelente para todas as doenças políticas e para todas as forças da desmoralização".

Os Imperadores rodeiam essa plebe de atenções. E assim aquela multidão vai procurar sentido para a vida nos espetáculos de Circo.

O Alto Império não estava preparado para uma Revolução. Mas estava, talvez, preparado para uma "Revolução".

A Igreja dos Apóstolos
chega a Roma

A EXPANSÃO DA IGREJA EMERGENTE

A mensagem a todas as nações

A ideia central que Paulo levou às Comunidades que fundou ou visitou (e, em certa medida, Pedro também) é que as promessas que Iahweh havia feito a Israel realizavam-se em Cristo, mas de forma a todas as nações serem incluídas.

Judeus e gentios eram os destinatários da Aliança de Deus com os homens. A Lei de Moisés era consequência da Aliança, e não ao contrário.

Por essa razão, essencialmente, o Cristianismo não permaneceu uma seita. O Evangelho do Cristo Ressuscitado reduziu a pó as diferenças entre os povos, e com isso a Igreja pode transformar o Mundo.

Os cristãos — e simpatizantes —, crescentemente, passaram a reunir-se em residências, para não ter problemas nas Sinagogas. E reunir-se no primeiro dia da semana — o dia da Ressurreição, como dito.

Depois, foram surgindo as estruturas eclesiásticas e físicas.

A unidade provinha, principalmente, das Escrituras. Mas levou tempo até que se corporificasse um Cânone (Testamento), o conjunto das Escrituras Cristãs. Partia-se da Bíblia do Antigo Testamento e iam-se acrescentando os textos sobre os ensinamentos de Cristo.

Nos primeiros tempos, a Igreja era uma religião de "mistérios" (Sacramentos).

Entretanto, mesmo os críticos pagãos, lamentando que os cristãos não prestassem culto aos deuses, reconheciam que, na maior parte, eram gentis, fiéis às esposas, cuidavam dos pobres e doentes (mesmo em tempos de pragas) e revelavam coragem. Qualidades difíceis de encontrar em pessoas sem formação filosófica.

Daí o *appeal* (poder de atração) do Evangelho ("Boa Nova") que pregavam.

Prisioneiros de Cristo: o martírio de Pedro e Paulo

É conhecida a tradição de que Pedro e Paulo terminaram seus dias em Roma, onde foram martirizados, sob diferentes circunstâncias.

No caso de Paulo, durante sua última ida a Jerusalém, para levar ajuda (de cristãos gentios), durante um período de fome na cidade, terminou sendo falsamente acusado por um grupo de judeus.

"CRISTÃOS QUE SE BEIJAM" E O "CREPÚSCULO DOS DEUSES"

Levado ao Governador Romano, terminou invocando a qualidade de cidadão romano e enviado a Roma. Lá, ficou dois anos em regime de prisão domiciliar, mas continuou membro ativo da Igreja.

Ao chegar a Roma, Paulo teve um encontro com os judeus, que foram ao seu alojamento. Ouvindo-o falar da missão de Cristo, os judeus se dividiram, após um dia inteiro de pregação.

O Apóstolo, então, falou:

"Bem falou o Espírito Santo a vossos pais, por meio do Profeta Isaías, quando disse:

"VAI TER COM ESTE POVO E DIZE-LHE:

EM VÃO ESCUTAREIS, POIS NÃO COMPREENDEREIS;

EM VÃO OLHAREIS, POIS NÃO VEREIS.

É QUE O CORAÇÃO DESTE POVO SE ENDURECEU:

ELES TAPARAM OS OUVIDOS E VEDARAM OS OLHOS,

PARA NÃO VEREM COM OS OLHOS,

NEM OUVIREM COM OS OUVIDOS,

NEM ENTENDEREM COM O CORAÇÃO,

PARA QUE NÃO SE CONVERTAM

E EU NÃO OS CURE."

"Ficai, pois, cientes: aos gentios é enviada esta salvação de Deus. E eles a ouvirão."

Foi esta a última mensagem de Paulo aos judeus.

A tradição diz que, durante a onda de perseguições desencadeada por Nero, após o incêndio que destruiu grande parte de Roma, terminou sendo decapitado, salvo da crucifixão pelo fato de ser cidadão romano.

Pedro, ainda segundo a tradição, teria vivido em Roma durante mais de vinte anos. No Evangelho de João, há uma referência: Jesus teria dito a Pedro que, na velhice, seria levado, de braços abertos, para um lugar a que não queria ir. Isso é interpretado como martírio na Cruz.

E, também pela tradição, a seu pedido, pregado na Cruz de cabeça para baixo, por não ser digno de morrer como o Senhor.

Primeiras ondas de perseguições.
E o martírio como testemunho

OS ELEMENTOS "REVOLUCIONÁRIOS" DA CRUZ DE CRISTO

Como as perseguições e martírios duraram pelo menos quatro séculos, uma questão se coloca, a qualquer observador lúcido: que elementos permitiam aos cristãos enfrentar a morte? Injustamente. E, frequentemente, com alegria.

O primeiro elemento era a vivência de que o "Reino de Deus não é deste mundo". Logo, ao dar testemunho, sendo imolado, o cristão ia-se reunir a Cristo. Alegremente. Com a alegria dos filhos de Deus.

Em seguida, a tranquilidade espiritual trazida pela vivência da palavra de Cristo: amar o próximo como a si mesmo, amar os inimigos, perdoar as ofensas, ser o último para ser o primeiro. É um novo mundo, à imagem e semelhança daquele em que estava Cristo, quando se dispôs a "vencer o mundo" morrendo na Cruz.

O terceiro elemento é consequência: o exemplo de Cristo e a sua "Revolução" trazem o espírito do heroísmo.

MÁRTIRES (TESTEMUNHAS) DOS PRIMEIROS TEMPOS

Os *cristãos nos jardins de Nero*

Quando houve o grande incêndio de Roma, que durou seis dias e seis noites, Nero já era considerado um monstro: matara a mãe (Agripina), trouxera Pompéia para seu leito, fazendo matar a mulher legítima. Desvarios e desvarios.

A ocorrência do incêndio avassalador levantara suspeitas de ser o Imperador o responsável. Não por crueldade. Pela ideia de fazer uma reconstrução da cidade imperial.

A multidão queria um culpado.

Teria sido Nero o autor da ideia de serem os cristãos os responsáveis pelo incêndio? Como quer que seja, Nero resolveu oferecer às massas um culpado.

Assim começou a caça aos cristãos, que logo se alastrou. E chegou aos jardins do Imperador, que de muito bom grado deixou a perseguição chegar onde quisesse, com a consequência de que as prisões passaram a encerrar uma "grande multidão" de cristãos, nas palavras de Tácito.

Mais: a liberdade era sem limites, para "torturar, decapitar e crucificar as vítimas no circo de Nero". Clemente Romano, futuro Papa, descreve a noite de 15 de agosto de 64 (que testemunhou): Nero, vestido de cocheiro, conduzia seu carro, iluminado por tochas constituídas de seres vivos.

Nesse circo de horrores é que houve o martírio de Pedro e Paulo, na forma citada.

Tal foi a encenação bárbara que, no final, a tendência de boa parte do povo romano era de piedade pelos cristãos.

Segunda onda: Domiciano

Domiciano era, reconhecidamente, um imperador de qualidades, da linhagem Flávia, tendente à prudência. Chegando ao poder no ano 81, sofreu, entretanto, efeitos do poder, transformando em mania sua tendência à desconfiança.

Suspeitava dos patrícios, dos filósofos, da classe intelectual, dos judeus.

E, por fim, dos cristãos.

Note-se que o Cristianismo proliferara, desde os tempos de Nero, e chegara ao ambiente palaciano. E familiar: talvez o prefeito de Roma (irmão de Vespasiano), Tito Flávio Sabino, tenha recebido alguma iniciação ao Cristianismo. Seu filho, Flávio Clemente (e a mulher, Flávia Domitila) pertenciam à "seita", juntamente com os dois netos. A *gens* Flavia estava, pois, contaminada.

Em 88, a aristocracia armou contra Domiciano uma revolta militar que Saturnino fez explodir no Reno, com apoio de algumas tribos germânicas. A trama fracassou.

Só que, a partir de então, Domiciano desencadeou uma onda de perseguições aos "inimigos", com a cobertura de um Senado aterrorizado e servil.

Perseguições que começaram pela aristocracia, com condenações à morte e desterros nas ilhas. Depois os filósofos, adivinhos e astrólogos.

Em seguida, foi a vez dos judeus, em Roma e nas Províncias, através de uma contribuição que fora estabelecida ao tempo da destruição de Jerusalém (contribuição para "Júpiter") e fora esquecida por Vespasiano e Tito.

Domiciano passou a exigi-la com rigor, e estendeu-a aos cristãos, por serem semelhantes aos judeus (monoteístas). Tivesse ou não finalidade fiscalista, a medida revelava fins políticos. Talvez o receio de conspirações ligadas ao futuro "Reino" de Cristo.

A perseguição aos cristãos começou na aristocracia, mas terminou alcançando todas as classes.

"No momento em que findava o Século I, o que a Leitura do "Apocalipse" revela através da orquestração grandiosa dos seus símbolos, é a trágica atmosfera em que o Cristianismo se irá desenvolver, sob constantes ameaças, e caminhando sobre seu próprio sangue." É o nexo que começa a estabelecer-se entre a fé cristã e um não conformismo religioso, que podia fazer sombra aos poderes públicos.

É como se o Cristianismo passasse a, praticamente, ser uma religião fora da Lei*.

E criara-se, igualmente, certa hostilidade popular contra os cristãos, alimentada pela animosidade (ou perseguição) oficial, e outras razões. A própria austeridade da vida cristã era tomada, por algumas camadas da população, como crítica implícita ou condenação. Situação agravada por certo "mistério" existente nas práticas cristãs (Eucaristia e outros Sacramentos).

---

* João, o Evangelista, foi deportado para a Ilha de Patmos, onde escreveu o "Apocalipse" (adiante).

TRAJANO E A POLÍTICA DOS ANTONINOS EM RELAÇÃO AO CRISTIANISMO ("NADA QUE É HUMANO ME É ESTRANHO")

Deve-se ao Imperador Trajano, na altura de 112, a primeira definição formal da situação jurídica do Cristianismo no Império. Existiam, possivelmente, os atos legais de condenação do tempo de Nero. Mas não uma legislação atualizada e aceitável.

Uma definição explícita e amplamente divulgada só aparece com Trajano.

Os protagonistas do episódio são o legado imperial Plínio, o jovem, e o seu Imperador, Trajano. A eles se aplica o que Terêncio resumiu no verso: "Sou homem, e nada que é humano me é estranho."

No ano citado, Plínio escreve a Trajano.

Viajando pelas suas províncias (Ponto e Bitínia), Plínio recebeu queixas a respeito dos seguidores de Cristo, nas Comunidades já ali existentes (Ásia Menor). Tal fora a expansão dessas Comunidades que os represen-

"CRISTÃOS QUE SE BEIJAM" E O "CREPÚSCULO DOS DEUSES"

tantes da Antiga Ordem chegaram a inquietar-se. Em particular, a tendência a templos pagãos vazios e a redução do comércio dos animais destinados aos sacrifícios.

Membros da "seita" são levados a Plínio e ele tem de julgá-los.

Surge, então, o problema: praticaram atos criminosos? A esse respeito, nada foi descoberto. A legislação existente (em especial, o Institutum Neronianum, dos tempos de Nero) estabelece, essencialmente, o princípio: não é permitido ser cristão.

Com base na jurisprudência existente, Plínio é obrigado a mandar supliciar os que se confessam cristãos. A coisa se complica, porque uma multidão de acusados — homens, mulheres, jovens, crianças — é levada a julgamento.

A investigação que manda realizar revela apenas que muitos acusados se reuniam, antes do nascer do sol, para entoar salmos à Glória de Cristo.

Diante disso, Plínio resolve consultar o Imperador, perguntando, em síntese:

"É o próprio nome de cristão que é punível?"

Porque, se assim for, todos os seguidores da nova doutrina teriam de ser condenados à morte. E sugere que uma "Política de clemência, incitando à apostasia, poderia ter muito melhores resultados quanto à paz social e religiosa da Província".

A resposta é o conhecido e breve "Rescrito* de Trajano":

---

* Decisão formal, por escrito, de Rei, Imperador ou Papa.

"Não devem ser procurados. Se te forem trazidos e os reconheceres, devem ser punidos*. Mas aquele que negue ser cristão e o demonstre, por exemplo suplicando aos nossos deuses, mesmo que tenha tido conduta suspeita no passado, deve ser perdoado."

Assim se estabeleceu, no período Antonino, uma nova legislação quanto ao Cristianismo.

Duas observações. Naquela altura (início do século II), o Império não procura destruir, sistematicamente, o Cristianismo. Entretanto, como observa Tertuliano, o documento é ambíguo: "O cristão é punível, não porque seja culpado, mas porque foi descoberto, embora não se deva procurá-lo."

O Rescrito de Trajano vai ser a base da política de seus sucessores: por exemplo, Adriano, e mesmo Antonino, o "Pio". Antonino, tão reverente para com os deuses romanos.

Por outro lado, é importante assinalar que em todas as épocas, e em todas as Províncias do Império, sempre havia, com certa frequência, movimentos de origem popular contra os cristãos.

Uma história de amor: Cecília

No final do Império de Marco Aurélio e seu filho Cômodo, o ambiente em Roma era de angústia; guerras na

---

* A punição, à época, eram o suplício na arena ou os trabalhos forçados nas minas.

"CRISTÃOS QUE SE BEIJAM" E O "CREPÚSCULO DOS DEUSES"

Bretanha, no Reno, no Danúbio. Talvez por isso, o prefeito Almáquio não perdia oportunidade de mover processos contra cristãos.

Cecília era uma jovem da *gens* Caecilia, uma das mais nobres e mais antigas famílias de Roma. Não se sabe exatamente como, teve educação cristã e foi tocada pela graça divina.

Quando chegou à idade, foi prometida em casamento a um jovem, Valeriano, também pertencente a uma gens ilustre.

Entretanto, Cecília prometeu, a si e a Deus que guardaria sua virgindade.

Na noite de núpcias, começa o drama.

Cecília, falou:

"Amadíssimo Valeriano, tenho um segredo a contar-te. Tenho sempre ao meu lado um anjo de Deus, que guarda a minha virgindade. Por isso, não posso pertencer-te. Mas se me amares como o anjo me ama, ele passará a amar-te também. E eu também te amarei."

A pergunta é: por que Cecília não contou ao noivo com antecedência o seu voto de virgindade? Nunca saberemos, porque nem a "Passio Sanctae Ceciliae" nem os outros textos, de diferentes épocas, sobre a paixão de Cecília, respondem a essa dúvida.

A narrativa prossegue.

Cecília contou a Valeriano toda a história de sua formação, e como chegara, em segredo, à decisão que agora lhe estava contando.

E sugeriu que conversasse com seu santo amigo Urbano*, na via Ápia.

Valeriano para lá se dirigiu, e foi encontrar Urbano, no meio das sepulturas dos mártires. O santo homem ouviu-o, e lhe falou dos desígnios de Deus, e de seu amor por Cecília. Em certa altura, apareceu ao seu lado um velho de vestes brancas, tendo nas mãos um livro em que Valeriano pode ler: "Um Deus, uma fé, um batismo." Em seguida, desapareceu.

Valeriano prostrou-se aos pés de Urbano e pediu para ser batizado.

Valeriano e o irmão (Tibúrcio) passaram a participar do culto cristão e terminaram sendo denunciados ao Prefeito. Seu destino se tornou inevitável.

Cecília, viúva e virgem. Condenada, tentam matá-la, inicialmente, por asfixia numa sala de banhos superaquecida. Ao fim de 24 horas, foi ela encontrada, viva, em ambiente natural, no caldarium.

Depois, a decisão de usar o cutelo. Aplicados os três golpes definidos em Lei, Cecília cai ao solo, com o pescoço meio decepado, mas viva. Falta de destreza do carrasco?

A síntese das evidências encontradas sobre o martírio de Cecília: em 1594, sob uma placa com seu nome, foi encontrado um corpo de mulher decapitada. E mais recentemente, em 1905, a descoberta, sob a Igreja de Santa Cecília, no Trastevere, de um caldarium. E de mármores antigos com o nome: Cecília.

---

* Também mártir, e bispo de Roma.

Por isso, em sua homenagem, existe a cripta de Santa Cecília, situada perto da Via Ápia, na área das catacumbas de São Calixto.

O entendimento das causas básicas das perseguições

Primeiro, a percepção de que as perseguições se dividem em duas fases.

Nos séculos I e II, tendem a não ser sistemáticas. Dependem da iniciativa dos poderes imperiais. Já a partir do Século III, parece haver um novo regime: as perseguições passam a ser estabelecidas por éditos especiais, baixados pelo próprio Governo, e aplicáveis a Roma e todas as Províncias do Império.

Ao mesmo tempo, o entendimento do que está na raiz dessa mudança.

De um lado, a evolução política do Império, que vai assumindo o caráter de fortalecimento do Poder Público, e de maior domínio sobre os espíritos e as pessoas. De hostilidade maior aos não conformistas. É a tendência, já assinalada, à autocracia.

De outro, "A evolução da consciência cristã, que, pela vida em comum, pelo trabalho de seus pensadores e pelo exemplo de seus mártires, se sente cada vez mais como antagonista do Império".

Por quê, essencialmente? Já vimos. O Cristianismo não aceitava o culto a Roma e ao Imperador.

A Cruz no tempo das catacumbas (e da convivência com a sociedade pagã)

Por que catacumbas?

Antes de tudo, o que são catacumbas?

O uso da palavra começou com os cemitérios subterrâneos situados em torno da antiga Basílica de São Sebastião, na Via Ápia, a 5 km de Roma. Situadas numa depressão do terreno, "perto do Vale". A expressão, em grego, língua oficial da Igreja primitiva, é *kata kumben*.

Em síntese, catacumbas eram as galerias subterrâneas em cujas paredes se faziam jazigos, principalmente para os cristãos pobres, mas também figuras ilustres.

Cemitérios, enormes cemitérios, onde gerações e mais gerações de cristãos foram sepultados.

Cemitérios e, por vezes, lugares de culto, nas épocas mais difíceis.

As catacumbas de Roma, pelos cálculos atuais, alcançam uma extensão de pelo menos 550 km. Uma Roma subterrânea. E, às vezes, chegam a ter cinco andares.

Na altura do ano 200, o então Papa designou Calixto (depois Papa e Santo) administrador geral dos cemitérios, e, por isso terminou ele tendo o nome ligado a regiões de catacumbas.

Por outro lado, as catacumbas têm o sentido de símbolo, naquela situação de clandestinidade — ou semiclandestinidade — em que vivia a Igreja.

As primeiras catacumbas se localizam nas propriedades que os membros da Igreja punham à disposição dos que tinham mortos a sepultar. Por exemplo, Flávia Domitila, sobrinha de Vespasiano. Convertida ao Cristianismo, inicialmente mandou preparar uma sepultura no terreno de uma de suas casas de campo, para os membros da família que se viessem a converter. Depois, mandou preparar, ao lado, uma galeria subterrânea (catacumba) para os libertos e protegidos da família.

Catacumbas e início da Arte Cristã

Foi nas catacumbas que surgiu a Arte Cristã.

Nas paredes e tetos dessas galerias subterrâneas existem pinturas representando os primeiros tempos do Cristianismo, no mesmo estilo da arte não cristã da época.

Pinturas representando cenas do Velho Testamento e, também, do Novo: Cristo-Orfeu, banquete Eucarístico, o Bom Pastor.

Nas catacumbas estão, igualmente, os símbolos cristãos da época: o Sinal da Cruz, o Peixe (em lem-

"CRISTÃOS QUE SE BEIJAM" E O "CREPÚSCULO DOS DEUSES"

brança das palavras de Cristo aos Apóstolos: "Sereis pescadores de homens").

Isso porque os cristãos se reconheciam por tais símbolos, e também pelo "beijo da paz" ("Cristãos que se beijam").

O Cristianismo da época das catacumbas

À medida que deixava as Sinagogas, o Cristianismo passou a funcionar, principalmente, em casas-templo. O que era favorecido pelo hábito romano de dividir a residência em partes públicas e partes privadas.

Mas, como é natural, foi-se configurando a necessidade de ter templos específicos para o culto — as Igrejas. Principalmente a partir de fins do Século I.

Notadamente a partir daí, e em especial nos domingos, surge a principal reunião semanal — a Missa.

Missa que, em geral, era dividida em duas partes. A primeira, acessível inclusive aos catecúmenos (ou seja, os que estavam fazendo sua iniciação ao Cristianismo). Começa, depois, a segunda parte, a que os catecúmenos não têm acesso. Mais solene, tem início com a oferenda: os cristãos oferecem o pão e o vinho, para a Eucaristia; e, também, fazem ofertas para os pobres.

Vem, então, a parte central da missa — a Eucaristia ("Ação de Graças"). Primeiro, a consagração; depois, o pão é dividido, e uma prece, que o Didaquê* transcreve:

---

* Texto antigo: "Doutrina dos Apóstolos."

"Assim como este pão estava disperso nos seus elementos pelas colinas, e agora se encontra reunido, permiti, Senhor, que a nossa Igreja se reúna de todas as extremidades da terra."

Os comungantes trocam o beijo da paz e passam a receber do Bispo um pedaço de pão. Depois, o vinho.

No final, a Ação de Graças: a assistência recebe a benção do Bispo e a "Oração sobre o povo": "IDE, A MISSA ESTÁ DITA."

Característica maior da igreja

Se algo define o Cristianismo dos primeiros tempos é uma coisa — o sentido de Comunidade.

"...Nele, o homem nunca se encontra só, pois faz parte de um grupo e é um elemento dentro de uma unidade.*"

---

* Daniel Rops.

ESCOLHA: O CÂNONE (NOVO TESTAMENTO — O LIVRO DA "NOVA ALIANÇA")

Ao findar o Século II, a escolha estava feita, após cerca de cem anos de seleção e análise: a Igreja tinha o seu Cânone. Ou seja, o conjunto de textos (27) que constituem o Novo Testamento: o livro da "Nova Aliança".

E, pelo "Cânone de Muratori"*, "a Igreja Romana (dessa época) tinha o mesmo Cânone de hoje (com exceção das Epístolas de São Tiago e de São Pedro).

"Os dois critérios que decidiram a escolha foram a Catolicidade (Universalidade) e a Apostolicidade. Um texto era admitido quando o conjunto das Comunidades o reconhecia como fiel à verdadeira tradição e à verdadeira mensagem. À medida que a liturgia se codificava, o hábito de ler páginas de Epístolas e Evange-

---

* Muratori (1740) descobriu o texto que faz a comparação do Cânone do final do Século I com o Cânone de sua época. O texto base para comparação é de cerca do ano 200.

lhos, durante a missa, submetia o conteúdo dessas Leituras a uma prova pública. E, quando a consciência cristã fixava um certo número como trazendo a marca do Espírito, a escolha estava feita. E, como nessas comunidades primitivas era fundamental a filiação apostólica, foram retidos os textos que mostravam por meio de testemunhos vivos que provinham diretamente dos Discípulos de Jesus."

Leão XII, na encíclica "Providentissimus Deus", faz a síntese:

"A inspiração é um impulso sobrenatural pelo qual o Espírito Santo estimulou e conduziu os escritores sagrados, e lhes prestou a assistência enquanto escreviam, de modo que eles recordassem exatamente, quisessem reproduzir com fidelidade e exprimissem com infalível verdade tudo que Deus lhes ordenava, e só o que lhes ordenava que escrevessem."

PARTE VII

"Um mundo que nasce, um mundo que vai morrer"

"Um mundo que vai morrer"

O MUNDO QUE VAI MORRER: O IMPÉRIO E SUA CRISE NO SÉCULO III

Crise do império: "O Crepúsculo dos Deuses"

O fim da Dinastia Antonina, em 192, precipitou o Império Romano numa crise múltipla, que se iria manifestar ao longo de todo o Século III.

Em primeiro lugar, havia o problema da sucessão[*] do Imperador, que não ficou resolvido com o recurso ao sistema de adoção, sucedendo ao sistema tradicional de escolha pelo Senado.

Após o assassinato de Cômodo (filho de Marcus Aurelius), a decisão ficou entre os comandantes de três exércitos provinciais. E terminou na pessoa de Septimus

---

[*] Ver Jacob Burchkhardt, *"The Age of Constantine, the Great"*, Folio Society, Londres, 2007.

Severus, que iniciou o regime de Governo Militar (e iniciou a Dinastia dos Severus).

Segundo, a crise político-militar, tendendo à autocracia, de estilo Oriental, na medida em que o Senado perdia expressão, e a cidadania romana perdia substância.

Cabe assinalar : o próprio Exército, "cada vez mais poderoso, e, ao mesmo tempo, mais anárquico, quase já não é mais um Exército Romano. Já não é o povo romano".

"As legiões são recrutadas cada vez menos na Itália e cada vez mais nas Províncias (mal e recentemente romanizadas). Depois, pouco a pouco, vão incluindo elementos estrangeiros — germanos, sírios, árabes —, que são recrutados e fixados nas próprias fronteiras que têm de defender. No fim do Século III, já só haverá tropas dessa natureza, desconhecedoras das tradições romanas, devotadas a chefes de quem esperam vitórias e saques..."

"É a hora dos soldados aventureiros, dos Condottieri."

Ao lado de tudo isso, sucedem-se crises econômicas. Terminada a época das conquistas, que traziam novas fontes de suprimentos, vem, ao reverso, o período de invasões, por parte de povos germânicos (Reno e Danúbio) e de povos orientais (Tigre e Eufrates).

Cai a produção e a importação de alimentos e matérias primas. E sucedem-se as guerras contra inimigos externos e as guerras civis.

QUE É FEITO DA *PAX ROMANA*?

"Crepúsculo dos deuses": declínio do Mundo Romano e de sua Cultura

Se nos voltamos para a ideia do declínio do Mundo Romano e de sua Cultura, o primeiro sintoma a destacar é a Ordem Social.

De um lado, a aristocracia romana se demite, em grande parte, de suas responsabilidades, preferindo o usufruto de requintado lazer e da riqueza.

De outro, nota-se uma arremetida das classes de mais baixa renda, que, preocupadas principalmente com sua ascensão social e política, levam a sociedade a violentos abalos.

Na dimensão da Cultura, o Crepúsculo dos Deuses pagãos e a expansão do Cristianismo induziam os líderes não cristãos a dizer que a nova religião havia levado os deuses a desinteressar-se do destino da Sociedade.

Burckhardt atribui essa atitude de querer atribuir a culpa do declínio social e cultural ao Cristianismo à postura dos líderes culturais, de que "qualquer coisa do, presente é desimportante, em comparação com um passado brilhante".

E lembra a colocação de Sêneca: "Consideramos esses feitos (do tempo de Filipe e Alexandre da Macedônia) como grandes porque nós próprios somos tão pequenos."

O diagnóstico do declínio da sociedade romana, à época, é bem formulado por Guglielmo Ferrero no seu livro sobre o Crepúsculo da Civilização Antiga:

"A Civilização Ocidental estava enfraquecida pela confusão crescente das doutrinas, dos costumes, das classes, das raças e dos povos. Por uma espécie de anarquia intelectual e moral que tinha invadido, mais ou menos, todos os meios..."

E a conclusão: sinais graves, de uma Sociedade que perdeu o sentido da vida.

Enquanto isso, do lado do Cristianismo[*]:

"... A grande vantagem de uma religião cujo Reino não era deste mundo era que não tinha como tarefa definir e garantir nenhum Estado e nenhuma Cultura, como tinham feito as religiões do paganismo. E que estava, na verdade, na posição de reconciliar um com o outro. E fazer a mediação entre diferentes Povos e Séculos, Estados e Estágios Culturais."

---

[*] Burckhardt, obra citada.

A MAIOR DAS PERSEGUIÇÕES — DIOCLECIANO: DIFICULDADE DE INTERPRETAÇÃO

O Palácio-cidade às margens do Adriático

Às margens do Adriático, na Dalmácia (Sérvia), construiu-se, no fim do Século III, um Palácio-cidade, com colunas em estilo coríntio, arcadas, jardins suspensos, 16 torres.

No centro do gigantesco retângulo (216 metros por 176), um monumento maciço sustentava, através de colunas de dois andares, de granito vermelho, o mausoléu onde deveria repousar seu sono eterno o Imperador Diocleciano (284 — 305).

Diocleciano, filho de escravos dálmatas, ascendeu ao trono com 39 anos (Diocles, "famoso de Deus", com final latino dá Diocletianus).

Preocupado com o problema da sucessão, criou um sistema de adoções que lhe pareceu dever assegurar a paz no Império, a despeito das ameaças externas, por vários lados.

Tal sistema foi a divisão de poder. O gigantesco Império foi, primeiro, dividido em dois, para Diocleciano (Júpiter) e Maximiano (Hércules). Depois, estabeleceu-se a Tetrarquia — quatro Césares, cada qual Senhor de sua região. Os dois primeiros — Diocleciano e Maximiano —, além de Césares, eram, ainda, detentores do título de Augustus, com mandato de 20 anos.

Uma autoridade em quatro pessoas, sustentada pelo prestígio incontestável do primeiro dos Augustos. Junto a si, na região do Oriente, Diocleciano colocou o César Galério, para sucedê-lo. E junto a Maximiano, na região do Ocidente, o César Constâncio Cloro, também para a sucessão.

Tensão com o Senado? Sim, porque ao Senado cabia apenas referendar o sistema. E assim o fez.

A grande perseguição — dificuldade de interpretar

É difícil interpretar a decisão de Diocleciano, de promover contra os cristãos a maior, talvez, de todas as perseguições.

Deve-se, de saída, reconhecer em Diocleciano um reformador — embora dentro do espírito autoritário da época. Na síntese de Burckhardt: "Considerados os prós e contras, o reino de Diocleciano pode ser considerado um dos melhores e mais benéficos que o Império apresentou. Admirador de Marcus Aurelius, se não nos deixarmos perturbar pelas pavorosas cenas das perseguições aos cristãos ... os traços de um grande governante assumem um aspecto bem diferente."

Entretanto, a dificuldade maior da interpretação reside em que, ao longo dos primeiros 18 anos do seu reinado, nada havia feito contra os cristãos.

Sua mulher, Prisca, e sua filha Valéria eram tidas como de disposição favorável aos cristãos. O próprio Imperador tinha ao seu lado "camareiros e pajens aos quais tinha devoção de pai". Membros da corte e suas famílias podiam praticar a religião cristã sob seus próprios olhos. Cristãos enviados para as Províncias como Governadores eram dispensados dos sacrifícios solenes (pagãos) inerentes ao cargo.

As cerimônias cristãs ocorriam à plena luz do dia e as Igrejas funcionavam livremente. Novas Igrejas eram construídas normalmente. Não havia ambiente de medo e o Cristianismo se expandia abertamente. Em todos os lugares e classes sociais.

E havia, note-se, problemas internos nas Comunidades cristãs (pessoas indignas, inclusive no episcopado).

Então, o que motivou as perseguições?

Burckhardt levanta a hipótese de que, ante o sucesso de sua disseminação, os cristãos poderiam ter tentado assumir posição altamente relevante no Império, pela conversão de Diocleciano. Disso pouca chance havia, pois o Imperador tinha profundas convicções religiosas, embora a sua posição moral fosse um elemento favorável ao Cristianismo.

Como quer que seja, começaram os sinais de que a situação estava mudando.

Contra os cristãos, havia a presença do César Galério ao lado do Imperador, a repetir serem os seguidores de Cristo não conformistas, sempre tendente à oposição.

Consultado, o oráculo de Apolo em Mileto deu uma estranha resposta:

"Certos homens espalhados pela terra impedem-me de prever o futuro."

Os primeiros passos foram dados. Como Galério era o Comandante do Exército, aos soldados cristãos foi dada a opção de abjurarem o Cristianismo ou saírem do Exército. Razões religiosas ou razões políticas (não confiabilidade)?

Reunidos os Conselhos Imperiais, a perseguição começou.

O primeiro édito de Diocleciano contra os cristãos oficializava a hostilidade ao Cristianismo (ano de 303): proibição de reuniões, demolição de Igrejas, queima de livros sagrados, demissão dos que exercessem cargos públicos. Nas investigações, uso de tortura, retirada da proteção das Leis.

Depois, a tortura e execução de funcionários do Palácio e pajens.

Em seguida, incêndio no Palácio, atribuído aos cristãos. O segundo édito determinou a prisão de todos os chefes de Comunidades cristãs.

Para resumir: "...No espaço de pouco mais de um ano, a investigação se tinha transformado numa verdadeira perseguição geral aos cristãos."

No édito de 304, a todos os cristãos foi dada a opção de oferecer sacrifício oas deuses ou ser preso, e condenado à morte.

A conclusão:

"... A visão dessa Nova Sociedade, com sua Nova Religião e filosofia, lutando contra o mais poderoso de todos os Estados, com seu paganismo e sua Cultura de mil anos, e eventualmente prevalecendo pela própria supressão do Império, é sem dúvida um espetáculo histórico da maior magnitude."[*]

Sebastião — legionário romano e mártir

Em relação a Sebastião, o difícil é separar lenda e história.

Sebastião nasceu na época do Imperador Garinus, na Gália. Viveu em Milão, e depois em Roma, onde se tornou legionário.

Sob o Imperador Diocleciano, chegou a ser capitão da guarda.

Entretanto, converteu vários legionários, e, como teria dado apoio aos mártires Marceliano e Marcus, foi por isso, denunciado pelo prefeito de Roma, Cromácio, ao Imperador Diocleciano.

---

[*] Burckhardt, pág. 244.

Diocleciano o acusou de, em segredo, ter agido contra ele e insultado os deuses. A resposta de Sebastião foi que honrava Cristo para a salvação do Imperador e do Império.

O certo é que foi condenado por Diocleciano a ser morto por flechadas. Alvejado com flechas, foi tido como morto. Mas, recolhido por uma viúva cristã, Irene, chegou a curar-se.

Quando, entretanto, das escadarias do Palácio, criticou o Imperador pela perseguição aos cristãos (a pior de todas), novamente foi condenado à morte por Diocleciano. Morte por chicotadas, e jogado na cloaca romana, para nem sequer ter sepultura cristã.

Recolhido por outra cristã (Lucina), foi, por instruções recebidas em sonho, sepultado junto às catacumbas da Via Ápia, no local onde, tempos depois, se construiu uma Basílica com seu nome.

"Um mundo que nasce"

INTRODUÇÃO

Antes de passar à cena final do destino da Cruz no Mundo Romano, vamos falar um pouco mais do mundo que estava nascendo — o Cristianismo.

Primeiro, diremos uma palavra sobre três cidades e falaremos sobre as mensagens de três Apóstolos.

Ao falar das primeiras Missões, principalmente na Odisseia de Paulo, visitamos Antioquia da Síria, terceira cidade do Império — depois de Roma e Alexandria. Lá é que os seguidores da "Via" primeiro foram chamados de cristãos, seguidores de Cristo.

A segunda cidade a visitar é Éfeso (Ephesus) (Ásia Menor), a maior e mais importante cidade da Antiguidade, e que nos interessa por várias razões.

No início do verão de 54 d.C., como vimos, milhares de Efésios, reunidos no grande Teatro (em forma de Anfiteatro, ao estilo grego), ouviam a pregação de Paulo, que insistia no ponto: Deuses feitos com as mãos não são Deuses.

Insuflados pelos artífices de estatuetas de prata, os Efésios, freneticamente, entoavam o refrão:

"Grande é a Artêmis dos Efésios."

O comércio da deusa era importante, para muita gente. Por isso, não havia meio de acalmar a multidão, e, depois de muito esperar, Paulo terminou saindo do Anfiteatro, para não ser agredido.

Em verdade, como a reação era orquestrada, os gritos invocando a grande Artêmis eram, em verdade, o último suspiro da velha deusa-mãe de 7000 anos.

Paulo havia chegado a Éfeso no ano anterior e ali permaneceu por três anos, pregando o Cristianismo nas Sinagogas e onde fosse possível. De lá seguiu para a Macedônia, deixando a Igreja de Éfeso sob a direção de João, o Apóstolo, que já lá residia, com a Virgem Maria.

Posteriormente, na fase de maior antagonismo, quando pregava em Pérgamon e Izmir, João terminou sendo preso e levado para Roma, onde foi torturado. Depois, foi exilado para a Ilha de Patmos (em frente a Éfeso), onde, como se sabe, escreveu o "Apocalipse" ("Livro das Revelações").

Quando o Imperador Domiciano foi morto, João voltou para Éfeso, onde foi sepultado, no local em que hoje fica a Igreja com seu nome.

Em Éfeso também se encontra a "Casa da Virgem Maria", que lá residiu durante muitos anos (segundo as minutas do Conselho Ecumênico de 431). Em Éfeso também está a primeira Igreja dedicada à Virgem (hoje, Basílica).

"CRISTÃOS QUE SE BEIJAM" E O "CREPÚSCULO DOS DEUSES"

A terceira cidade a mencionar é Alexandria (no Egito), que, nos primeiros séculos do Cristianismo era um grande centro cultural, de renome internacional.

Na metade do Século II d.C., em Alexandria se criou a primeira Instituição de Alto Ensino, pelo filósofo Pantaenus. Com a morte deste, a direção passou a Clemente de Alexandria, e posteriormente a Origen ("Mestre dos mestres", e, no fim da vida, mártir, na Ásia Menor).

Em seguida, parece relevante dizer algo sobre a mensagem dos Apóstolos que lideraram a universalização do Cristianismo. Ou seja, que mais contribuíram para o "Mundo que estava Nascendo".

Veremos, portanto, em síntese, a Mensagem de Pedro, a mensagem de Paulo e a Mensagem de João. Além, claro, da Mensagem de Cristo.

MENSAGEM DE CRISTO: "O SERMÃO DA MONTANHA"

"VENDO ELE AS MULTIDÕES, SUBIU À MONTANHA. AO SENTAR-SE, APROXIMARAM-SE DELE OS DISCÍPULOS.

"E PÔS-SE A FALAR, E OS ENSINAVA DIZENDO:

"FELIZES OS POBRES EM ESPÍRITO,

PORQUE DELES É O REINO DOS CÉUS.

"FELIZES OS MANSOS,

PORQUE HERDARÃO A TERRA.

"FELIZES OS AFLITOS,

PORQUE SERÃO CONSOLADOS.

"FELIZES OS QUE TÊM FOME

E SEDE DE JUSTIÇA,

PORQUE SERÃO SACIADOS.

"FELIZES OS MISERICORDIOSOS,

PORQUE ALCANÇARÃO MISERICÓRDIA.

"FELIZES OS PUROS NO CORAÇÃO,

PORQUE VERÃO A DEUS.

"FELIZES OS QUE PROMOVEM A PAZ,

"CRISTÃOS QUE SE BEIJAM" E O "CREPUSCULO DOS DEUSES"

PORQUE SERÃO CHAMADOS FILHOS DE DEUS.

"FELIZES OS QUE SÃO <u>PERSEGUIDOS</u>

<u>POR CAUSA DA JUSTIÇA,</u>

PORQUE DELES É O REINO DOS CÉUS.

"FELIZES SOIS QUANDO VOS INJURIAREM E VOS PERSEGUI-REM, E, MENTINDO, DISSEREM TODO O MAL CONTRA VÓS, POR CAUSA DE MIM. ALEGRAI-VOS E REGOZIJAI-VOS, PORQUE SERÁ GRANDE A VOSSA RECOMPENSA NOS CÉUS. POIS FOI ASSIM QUE PERSEGUIRAM OS PROFETAS, QUE VIERAM ANTES DE VÓS."

MATEUS, 5

MENSAGEM DE PEDRO

A *esperança cristã*

"Bendito seja Deus e Pai de Nosso Senhor Jesus Cristo, que, na Sua grande misericórdia, nos regenerou pela Ressurreição de Jesus Cristo dentre os mortos, para uma Esperança Viva, para uma herança incorruptível, que não pode contaminar-se, e imarcescível, reservada nos céus para vós, a quem o poder de Deus guarda pela fé, para a salvação que está pronta para se manifestar nos últimos tempos.

"Então deveis alegrar-vos, se bem que vos sejam ainda necessárias, por algum tempo, diversas provações, para que a prova a que é submetida a vossa fé, muito mais preciosa que o ouro perecível, o qual se prova pelo fogo, seja digna de louvor, de glória e de honra quando Jesus Cristo se manifestar.

"Sem O terdes visto, vós O amais; sem O ver ainda, crestes n'Ele e isto é para vós fonte de uma alegria inefável e gloriosa, porque estais certos de obter, como prêmio da vossa Fé, a salvação das almas. Esta salvação tem sido objeto das investigações e das meditações dos profetas que predisseram a graça que vos estava destinada. Eles investigaram a época e as circunstâncias indicadas pelo Espírito de Cristo que neles residia, e que profetizava os sofrimentos reservados a Cristo e a glória de que seriam seguidos.

"Foi-lhes revelado que não se destinavam a eles, mas a vós, estas coisas que agora vos são anunciadas por aqueles que vos pregam o Evangelho em virtude do Espírito Santo, enviado do céu — revelações estas que os próprios anjos desejam contemplar."

"Amai-vos, pois haveis renascido"

"Obedecendo à verdade, santificastes as vossas almas para praticardes um sincero amor fraterno. Amai-vos uns aos outros, ardentemente e do fundo do coração, pois haveis renascido, não duma semente corruptível, mas incorruptível: pela palavra de Deus vivo e eterno. Porque toda carne é como a erva e toda a sua glória como a flor da erva. Seca-se a erva e cai a flor, mas a palavra do Senhor permanece eternamente. Ora, esta é a palavra que vos foi anunciada."

"Cristo é a pedra angular" ("eis que ponho em Sião uma pedra angular")

"Aproximai-vos d'Ele, pedra viva, rejeitada pelos homens, mas escolhida e preciosa aos olhos de Deus. E vós mesmos, como pedras vivas, entrai na construção dum edifício espiritual, por meio dum sacerdócio santo, cujo fim é oferecer sacrifícios espirituais que serão agradáveis a Deus, por Jesus Cristo.

Por isso, se lê na Escritura: Eis que ponho em Sião uma pedra angular, escolhida, preciosa: e quem puser nela a sua confiança não será confundido. A honra é, então, para vós que credes. Mas, para os incrédulos, a pedra que os edificadores rejeitaram tornou-se a pedra angular, uma pedra de tropeço, uma pedra de escândalo. Tropeçam nela porque não creram na palavra; e, realmente, era esse o seu destino. Vós, porém, sois raça eleita, sacerdócio real, nação santa, povo adquirido, a fim de anunciardes as virtudes d'Aquele que vos chamou das trevas para a Sua luz admirável, vós, que outrora não éreis o Seu povo, mas que agora sois o povo de Deus; vós que antes não tínheis alcançado misericórdia e agora a alcançastes."

"Comportai-vos como homens livres"

"Comportai-vos como homens livres, não como aqueles que fazem da liberdade como que um véu para encobrir a malícia, mas como servos de Deus. Honrai a todos, amais os irmãos, temei a Deus e respeitai o rei.

Casamento cristão

"Vós, também, ó mulheres, sede submissas aos vossos maridos, para que, se alguns não obedecem à Palavra, venham a ser conquistados, sem a Palavra, pelo procedimento das suas mulheres, ao observarem a vossa vida casta e reservada. Não seja o vosso adorno apenas o exterior: cabelos frisados, adereços de ouro e vestidos ajustados; mas, sim, o ornamento interior e oculto do coração, a pureza incorruptível de um espírito suave e pacífico, que é precioso aos olhos de Deus.

"Era assim que outrora se adornavam as santas mulheres que esperavam em Deus; eram submissas a seus maridos, como Sara, que obedecia a Abraão, chamando-o seu senhor. Sois filhas delas se fizerdes o bem, não temendo perturbação alguma.

"Do mesmo modo, vós, ó maridos, comportai-vos sabiamente no convívio com as vossas mulheres, tratando-as com respeito, como seres mais fracos e como herdeiras convosco da graça que dá a vida. Assim, nada se oporá às vossas orações."

"Deveres recíprocos dos fiéis"

"Igualmente, sede todos concordes em sentimentos de amor fraterno, de misericórdia e de humildade. Não pagueis o mal com o mal, nem a injúria com a injúria. Pelo contrário, abençoai, pois para isto fostes chamados, para que sejais herdeiros da bênção. Porque o que quer amar a vida e ver dias felizes, refreie a sua língua do mal e os seus lábios de palavras enganadoras. Aparte-se do mal e faça o bem, busque a paz e siga-a. Porque os olhos do Senhor estão sobre os justos e os Seus ouvidos estão atentos aos seus rogos; mas a face do Senhor está voltada contra os que fazem o mal."

"O exemplo de Cristo"

"E quem vos poderá fazer mal, se fordes zelosos do bem? Se padecerdes alguma coisa por causa da justiça, felizes de vós! Não temais as suas ameaças nem vos deixeis perturbar. Mas venerai Cristo Senhor nos vossos corações e estai sempre prontos a responder, para vossa defesa, com doçura e respeito, a todo aquele que vos perguntar a razão da vossa esperança. Tende uma consciência reta, a fim de que, mesmo naquilo em que dizem mal de vós, sejam confundidos os que caluniam a vossa boa conduta em Cristo. Melhor é padecer praticando o bem, se é essa a vontade de Deus, do que fazendo o mal.

"Também Cristo morreu uma vez pelos nossos pecados — o justo pelos injustos, para nos conduzir a Deus. Morreu segundo a carne, mas foi vivificado segundo o Espírito. Foi com este Espírito que Ele foi pregar aos espíritos que estavam no cárcere, àqueles que outrora, nos dias de Noé, tinham sido rebeldes, quando Deus aguardava com paciência enquanto se construía a arca, na qual poucas pessoas, oito apenas, se salvaram sobre a água. Esta água era uma figura do batismo, que agora vos salva, não pela purificação das impurezas da carne, mas justificando a consciência para com Deus, pela ressurreição de Jesus Cristo, que subiu ao Céu, e está sentado à direita de Deus, depois de ter recebido a submissão dos anjos, dos principados e das potestades."

PRIMEIRA EPÍSTOLA DE PEDRO —
DIRIGIDA AOS CRISTÃOS DA ÁSIA MENOR
(REDIGIDA EM ROMA, "A BABILÔNIA")

"A liberalidade de Deus — para que vos tornásseis participantes da natureza divina"

"Pois que o Seu divino poder nos deu todas as condições necessárias para a vida e para a piedade, mediante o conhecimento daquele que nos chamou pela sua própria glória e virtude. Por elas nos foram dadas as preciosas e grandíssimas promessas, a fim de que assim vos tornásseis participantes da natureza divina, depois de vos libertardes da corrupção que prevalece no mundo como resultado da concupiscência."

"Por isso mesmo, aplicai toda a diligência em juntar à vossa fé a virtude, à virtude o conhecimento, ao conhecimento o autodomínio, ao autodomínio a perseverança, à perseverança a piedade, à piedade o amor fraterno e ao amor fraterno a caridade. Com efeito, se possuirdes essas virtudes em abundância, elas não permitirão que sejais inúteis nem infrutíferos no conhecimento de nosso Senhor Jesus Cristo. Mas aquele que não a possui é um cego, um míope: está esquecido da purificação dos seus pecados de outrora. Por isto mesmo, irmãos, procurai com mais diligência consolidar a vossa vocação e eleição, pois, agindo desse modo, não tropeçareis jamais. Antes, assim é que vos será outorgada generosa entrada no Reino eterno de nosso Senhor e Salvador, Jesus Cristo."

SEGUNDA EPÍSTOLA DE PEDRO

SÍNTESE DA MENSAGEM DE PAULO

É ÚTIL TENTAR DESTACAR OS PONTOS ESSENCIAIS DA COMPLEXA MENSAGEM DE PAULO, CONSUBSTANCIADA EM SUA ATIVIDADE MISSIONÁRIA E EM SUAS EPÍSTOLAS (E, CLARO, EM SUA PRÓPRIA VIDA).

O PRIMEIRO PONTO É QUE A MENSAGEM DO CRISTIANISMO É UNIVERSAL, PARA JUDEUS E GENTIOS, PARA HOMENS E MULHERES, LIVRES E ESCRAVOS.

ABRÃAO FEZ ALIANÇA COM DEUS ANTES DE SER CINCUNCIDADO — PORQUE TINHA FÉ E PROCURAVA CUMPRIR A VONTADE DE DEUS.

SEGUNDO, JESUS FOI O CRISTO, OU MESSIAS. FOI O CUMPRIMENTO DAS PROMESSAS DIVINAS NAS ESCRITURAS JUDAICAS. E SUA RESSURREIÇÃO FOI A GARANTIA DE NOSSA RESSURREIÇÃO, E O PRIMEIRO SINAL DO REINO DE DEUS QUE ESTÁ POR VIR.

DAÍ A CONCLUSÃO: "MORTE, ONDE ESTÁ A TUA VITÓRIA?"

EM TERCEIRO LUGAR, SOMOS HOMENS LIVRES, PELA CONDIÇÃO DE FILHOS DE DEUS, IRMÃOS DE JESUS CRISTO. FILHOS, E, PORTANTO, HERDEIROS.

QUARTO, ESSA LIBERDADE DEVE MANIFESTAR-SE PRINCI-PALMENTE ATRAVÉS DO AMOR. DAÍ O "HINO AO AMOR": "AINDA QUE EU DISTRIBUÍSSE TODOS OS MEUS BENS AOS FA-MINTOS ... SE NÃO TIVESSE O AMOR, ISSO DE NADA ME ADIANTARIA."

FINALMENTE, A ESSENCIALIDADE DA UNIÃO ENTRE TODOS OS CRISTÃOS, E DOS CRISTÃOS COM CRISTO.

É O CORPO MÍSTICO DE CRISTO:

"POIS ASSIM COMO NUM SÓ CORPO TEMOS MUITOS MEM-BROS, E OS MEMBROS NÃO TÊM TODOS A MESMA FUNÇÃO, DE MODO ANÁLOGO, NÓS SOMOS MUITOS E FORMAMOS UM SÓ CORPO EM CRISTO, SENDO MEMBROS UNS DCS OUTROS. TENDO, PORÉM, DONS DIFERENTES, SEGUNDO A GRAÇA QUE NOS FOI DADA, AQUELE QUE TEM O DOM DA PROFECIA, QUE O EXERÇA SEGUNDO A PROPORÇÃO DA NOSSA FÉ; AQUELE QUE TEM O DOM DO SERVIÇO, O EXERÇA SERVINDO; QUEM O DO ENSINO, ENSI-NANDO; QUEM O DA EXORTAÇÃO, EXORTANDO. AQUELE QUE DISTRIBUI SEUS BENS, QUE O FAÇA COM SIMPLICIDADE; AQUELE QUE PRESIDE, COM DILIGÊNCIA; AQUELE QUE EXERCE MISERI-CÓRDIA, COM ALEGRIA."

LEMBRA JOHN DONNE:

"NENHUM HOMEM É UMA ILHA, COMPLETA EM SI MES-MA. TODO HOMEM É UM PEDAÇO DO CONTINENTE, UMA PARTE DA TERRA FIRME. SE UM TORRÃO DE TERRA FOR LE-VADO PELO MAR, A EUROPA FICA MENOR, COMO SE TIVESSE PERDIDO UM PROMONTÓRIO, OU PERDIDO O SOLAR DE UM AMIGO, OU O TEU PRÓPRIO.

"CRISTÃOS QUE SE BEIJAM" E O "CREPÚSCULO DOS DEUSES"

"A MORTE DE QUALQUER HOMEM DIMINUI A MIM, PORQUE NA HUMANIDADE ME ENCONTRO ENVOLVIDO.

"POR ISSO, NUNCA MANDES INDAGAR POR QUEM OS SINOS DOBRAM; ELES DOBRAM POR TI."

MEDITAÇÃO XVII

MENSAGEM DE PAULO

Alcançado por Cristo*

"Não que eu já tenha alcançado a meta**, ou que já seja perfeito, mas prossigo para ver se a alcanço, pois que também já fui alcançado por Cristo Jesus."

"Irmãos, não creio que eu mesmo a tenha alcançado, mas uma coisa faço: esquecendo-me do que fica para trás e avançando para o que está adiante, prossigo para o alvo, para o prêmio da vocação do Alto, que vem de Deus, em Cristo Jesus."

---

* Na Estrada de Damasco. Como já dissemos: "Deus é um grande caçador".
** De conquistar a Ressurreição.

Filhos de Deus, graças ao Espírito

"Todos os que são conduzidos pelo Espírito de Deus são filhos de Deus. Com efeito, não recebestes um espírito de escravos, para recair no temor, mas recebestes um espírito de filhos adotivos, pelo qual clamamos: *Abba*! Pai" O próprio Espírito se une ao nosso espírito para testemunhar que somos filhos de Deus. E se somos filhos, somos também herdeiros: herdeiros de Deus e co-herdeiros de Cristo, pois sofremos com ele para também com ele sermos glorificados."

Hino ao amor de Deus

"Depois disto, que nos resta dizer? Se Deus está conosco, quem será contra nós? Quem não poupou o seu próprio Filho e O entregou por todos nós, como não nos haverá de agraciar em tudo junto com Ele? Quem acusará os eleitos de Deus? É Deus quem justifica. Quem condenará? Cristo Jesus, aquele que morreu, ou melhor, que ressuscitou, aquele que está à direita de Deus e que intercede por nós?

"Quem nos separará do amor de Cristo? A tribulação, a angústia, a perseguição, a fome, a nudez, os perigos, a espada? Segundo está escrito:

Por sua causa somos postos à morte o dia todo, somos considerados como ovelhas destinadas ao matadouro.

"Mas em tudo isso somos mais que vencedores, graças Àquele que nos amou.

"Pois estou convencido de que nem a morte nem a vida, nem os anjos nem os principados, nem o presente nem o futuro, nem os pobres, nem a altura, nem a profundeza, nem qualquer outra criatura poderá nos separar do amor de Deus manifestado em Cristo Jesus, Nosso Senhor."

O corpo místico de Cristo

"Pois assim como num só corpo temos muitos membros, e os membros não têm todos a mesma função, de modo análogo, nós somos muitos e formamos um só corpo em Cristo, sendo membros uns dos outros. Tendo, porém, dons diferentes, segundo a graça que nos foi dada, aquele que tem o dom da profecia, que o exerça segundo a proporção da nossa fé; aquele que tem o dom do serviço, o exerça servindo; quem o do ensino, ensinando; quem o da exortação, exortando. Aquele que distribui seus bens, que o faça com simplicidade; aquele que preside, com diligência; aquele que exerce misericórdia, com alegria.

"Que vosso amor seja sem hipocrisia, detestando o mal e apegados ao bem; com amor fraterno, tendo carinho uns para com os outros, cada um considerando os outros como mais digno de estima. Sede diligentes, sem preguiça, fervorosos de espírito, servindo ao Senhor, alegrando-vos na esperança, perseverando na tribulação, assíduos na oração, tomando parte nas necessidades dos santos, buscando proporcionar a hospitalidade".

Caridade para com todos os homens, mesmo para com os inimigos

"Abençoai os que vos perseguem; abençoai e não amaldiçoeis. Alegrai-vos com os que se alegram, chorai com os que choram. Tende a mesma estima uns pelos outros, sem pretensões de grandeza, mas sentindo-vos solidários com os mais humildes: não vos deis ares de sábios. A ninguém pagueis o mal com o mal; seja vossa preocupação fazer o que é bom para todos os homens, procurando, se possível, viver em paz com todos, por quanto de vós depende. Não façais justiça por vossa conta, caríssimos, mas dai lugar à ira*, pois está escrito: *A mim pertence a vingança, eu é que retribuirei, diz o Senhor. Antes, se o teu inimigo tiver fome, dá-lhe de comer, se tiver sede, dá-lhe de beber. Agindo desta forma estarás acumulando brasas sobre a cabeça dele.* Não te deixes vencer pelo mal, mas vence o mal com o bem."

---

* Ira divina, que pune o pecado.

Sabedoria do mundo e sabedoria cristã
("a sabedoria da cruz é loucura")

"Pois não foi para batizar que Cristo me enviou, mas para anunciar o Evangelho, sem recorrer à sabedoria da linguagem, a fim de que não se torne inútil a cruz de Cristo. Com efeito, a linguagem da Cruz é Loucura para aqueles que se perdem, mas para aqueles que se salvam, para nós, é poder de Deus. Pois está escrito:

Destruirei a sabedoria dos sábios
E rejeitarei a inteligência dos inteligentes.
Onde está o sábio? Onde está o homem culto?

"Onde está o argumentador deste século? Deus não tornou louca a sabedoria deste século? Com efeito, visto que o mundo por meio da sabedoria não reconheceu a Deus na sabedoria de Deus, aprouve a Deus pela loucura da pregação salvar aqueles que creem. Os judeus pedem sinais, e os gregos andam em busca da sabedoria; nós, porém, anunciamos Cristo crucificado, que para os judeus é escândalo, para os gentios é loucura, mas para aqueles que são chamados, tanto judeus como gregos, é Cristo, poder de Deus e sabedoria de Deus. Pois o que é loucura de Deus é mais sábio do que os homens, e o que é fraqueza de Deus é mais forte do que os homens.

"Vede, pois quem sois, irmãos, vós que recebestes o chamado de Deus; não há entre vós muitos sábios segundo a carne, nem muitos poderosos, nem muitos de família prestigiosa. Mas o que é loucura no mundo, Deus o escolheu para confundir o que é forte; e, o que no mundo é vil e desprezado, o que não é, Deus escolheu para reduzir a nada o que é, a fim de que nenhuma criatura possa vangloriar-se diante de Deus. Ora, é por ele que vós sois em Cristo Jesus, que se tornou para nós sabedoria proveniente de Deus, justiça, santificação e redenção, a fim de que, como diz a Escritura, aquele que se gloria, glorie-se no Senhor."

"Ninguém se iluda: se alguém dentre vós julga ser sábio aos olhos deste mundo, torne-se louco para ser sábio: pois a sabedoria deste mundo é louca diante de Deus. Com efeito está escrito:

"Ele apanha os sábios em sua própria astúcia."

E ainda:

"O Senhor conhece os raciocínios dos sábios; sabe que são vãos."

"Por conseguinte, ninguém procure nos homens motivo de orgulho, pois tudo pertence a vós: Paulo, Apolo, Cefas (Pedro), o mundo, a vida, a morte, as coisas presentes e futuras. Tudo é vosso: mas vós sois de Cristo, e Cristo é de Deus."

"Que o Deus da Esperança vos cumule de toda alegria e paz em vossa fé, a fim de que, pela ação do Espírito Santo, a vossa Esperança transborde."

Correr para ganhar

"Não sabeis que aqueles que correm no estádio correm todos, mas um só ganha o prêmio? Correi, portanto, de maneira a consegui-lo. Os atletas se abstêm de tudo; eles, para ganharem uma coroa perecível; nós, porém, para ganharmos uma coroa imperecível. Quanto a mim, é assim que corro, não ao incerto; é assim que pratico o pugilato, mas não como quem fere o ar. Trato duramente o meu corpo e reduzo-o à servidão, a fim de que não aconteça que, tendo proclamado a Mensagem aos outros, venha eu mesmo a ser reprovado."

Diversidade e unidade dos carismas

"Há diversidade de dons, mas o Espírito é o mesmo; diversidade de ministérios, mas o Senhor é o mesmo; diversos modos de ação, mas é o mesmo Deus que realiza tudo em todos. Cada um recebe o dom de manifestar o Espírito para a utilidade de todos. A um, o Espírito dá a mensagem de sabedoria, a outro, a palavra de ciência segundo o mesmo Espírito; a outro, o mesmo Espírito dá a fé; a outro ainda, o único e mesmo Espírito concede o dom das curas; a outro, o poder de fazer milagres; a outro, a profecia; a outro, o discernimento dos espíritos; a outro, o dom de falar línguas, a outro ainda, o dom de as interpretar. Mas é o único e mesmo Espírito que isso tudo realiza, distribuindo a cada um os seus dons, conforme lhe apraz."

O corpo de Cristo ("os membros são muitos, mas o corpo é um só")

"Com efeito, o corpo é um e, não obstante, tem muitos membros, mas todos os membros do corpo, apesar de serem muitos, formam um só corpo. Assim também acontece com Cristo. Pois fomos todos batizados num só Espírito para ser um só corpo, judeus e gregos, escravos e livres, e todos bebemos de um só Espírito.

"O corpo não se compõe de um só membro, mas de muitos. Se o pé disser: "Mão eu não sou, logo não pertenço ao corpo", nem por isto deixará de fazer parte do corpo. E se a orelha disser: "Olho eu não sou, logo não faço pertenço ao corpo", nem por isto deixará de fazer parte do corpo. Se o corpo todo fosse olho, onde estaria a audição? Se fosse todo ouvido, onde estaria o olfato?

"Mas Deus dispôs cada um dos membros no corpo segundo a sua vontade. Se o conjunto fosse um só membro, onde estaria o corpo? Há, portanto, muitos membros, mas um só corpo. Não pode o olho dizer à mão: "Não preciso de ti"; nem tampouco pode a cabeça dizer aos pés: "Não preciso de vós."

"Pelo contrário, os membros do corpo que parecem mais fracos são os mais necessários, e aqueles que parecem menos dignos de honra do corpo são os que cercamos de maior honra, e nossos membros que são menos decentes, nós os tratamos com mais decência; os que são decentes, não precisam de tais cuidados. Mas Deus dispôs o corpo de modo a conceder maior honra ao que é menos nobre, a fim de que não haja divisão no corpo, mas os membros tenham igual solicitude uns com os outros. Se um membro sofre, todos os membros compartilham o seu sofrimento; se um membro é honrado, todos os membros compartilham a sua alegria.

"Ora, vós sois o corpo de Cristo e sois os seus membros, cada um por sua parte. E aqueles que Deus estabeleceu na Igreja são, em primeiro lugar, Apóstolos; em segundo lugar, Profetas; em terceiro lugar, Doutores... Vêm, a seguir, os dons dos milagres, das curas, da assistência, do governo e o de falar diversas línguas. Porventura, são todos Apóstolos? Todos Profetas? Todos doutores? Todos realizam milagres? Todos têm o dom de curar? Todos falam línguas? Todos as interpretam?

HINO AO AMOR

"Ainda que eu falasse línguas,
as dos homens e as dos anjos,
se eu não tivesse Amor,
seria como bronze que soa
ou como címbalo que tine.
"Ainda que tivesse o dom da profecia,
o conhecimento de todos os mistérios
e de toda a ciência,
ainda que tivesse toda a Fé,
a ponto de transportar montanhas,

se não tivesse o Amor,
nada seria.
"Ainda que distribuísse
todos os meus bens aos famintos,
ainda que entregasse
meu corpo às chamas,
se não tivesse o Amor.
isso nada me adiantaria.
"O Amor é paciente,
o Amor é prestativo,
não é invejoso, não se ostenta,
não se incha de orgulho
"Nada faz de inconveniente,
não procura o seu próprio interesse,
não se irrita, não guarda rancor.
"Não se alegra com a injustiça,
mas se regozija com a verdade.
Tudo desculpa, tudo crê,
tudo espera, tudo suporta.
"O Amor jamais passará.
Quanto às profecias, desaparecerão.
Quanto às línguas, cessarão.
Quanto à ciência, também desaparecerá.
"Pois o nosso conhecimento é limitado,
e limitada é a nossa profecia.
Mas, quando vier a perfeição,
o que é limitado desaparecerá.
"Quando era criança,

falava como criança,
pensava como criança,
raciocinava como criança.
depois que me tornei homem,
fiz desaparecer o que era próprio da criança.
"Agora vemos em espelho
e de maneira confusa,
mas, depois, veremos face a face.
agora meu conhecimento é limitado,
mas, depois, conhecerei como sou conhecido.
"Agora, portanto, permanecem Fé,
Esperança, Amor,
essas três coisas.
A maior delas, porém, é o Amor."

"Morte, onde está tua vitória?"

"Quando, pois, este ser corruptível tiver revestido a incorruptibilidade, e este ser mortal tiver revestido a imortalidade, então cumprir-se-á a palavra da Escritura:

A morte foi absorvida na vitória.
Morte, onde está a tua vitória?
Morte, onde está o teu aguilhão?

Templo do Deus vivo

"Ora, nós é que somos o templo do Deus vivo, como disse o próprio Deus:

Em meio a eles habitarei e caminharei,
serei o seu Deus, e eles serão o meu povo.
Portanto, saí do meio de tal gente,
e afastai-vos, diz o Senhor.
Não toqueis o que seja impuro,
e eu vos acolherei.
Serei para vós pai,
e sereis para mim filhos e filhas,
Diz o Senhor Todo-poderoso.

Cristo vive em mim

"De fato, pela Lei morri para a Lei, a fim de viver para Deus. Fui crucificado junto com Cristo. Já não sou eu que vivo, mas é Cristo que vive em mim. Minha vida presente na carne, vivo-a pela fé no Filho de Deus, que me amou e se entregou a si mesmo por mim."

Sois um só em Cristo Jesus

"Chegada, porém, a fé, não estamos mais sob pedagogo; vós todos sois filhos de Deus pela fé em Cristo Jesus, pois todos vós, que fostes batizados em Cristo, vos vestistes de Cristo. Não há judeu nem grego, não há escravo nem livre, não há homem nem mulher; pois todos vós sois um só em Cristo Jesus. E se vós sois de Cristo, então sois descendência de Abraão, herdeiros segundo a promessa."

Já não és escravo, mas filho

"Quando, porém, chegou a plenitude do tempo, enviou Deus o seu Filho, nascido de mulher, nascido sob a Lei, para resgatar os que estavam sob a Lei, a fim de que recebêssemos a adoção filial. E porque sois filhos, enviou Deus aos nossos corações o Espírito do seu Filho, que clama: *Abba*, Pai! De modo que já não és escravo, mas filho. E se és filho, és também herdeiro, graças a Deus."

A liberdade cristã

"É para a liberdade que Cristo nos libertou. Permanecei firmes, portanto, e não vos deixeis prender de novo ao jugo da escravidão."

Liberdade e amor

Vós fostes chamados à liberdade, irmãos. Entretanto, que a liberdade não sirva de pretexto para a carne, mas, pelo amor, colocai-vos a serviço uns dos outros. Pois toda a Lei está contida numa só palavra: *Amarás a teu próximo como a ti mesmo.*

O PLANO DIVINO DA SALVAÇÃO

"Bendito seja o Deus e Pai
de nosso Senhor Jesus Cristo,

que nos abençoou com toda sorte
de bênçãos espirituais,
nos céus, em Cristo.
"Nele nos escolheu
antes da fundação do mundo,
para sermos santos e irrepreensíveis
diante dele no amor.
"Ele nos predestinou para sermos
seus filhos adotivos por Jesus Cristo,
conforme o beneplácito da sua vontade,
para louvor e glória da sua graça
com a qual ele nos agraciou no Amado.
E é pelo sangue Deste que temos a redenção,
a remissão dos pecados,
segundo a riqueza da sua graça,
que ele derramou profusamente sobre nós,
infundindo-nos de toda sabedoria e inteligência,
dando-nos a conhecer
o mistério de sua vontade,
conforme decisão prévia que lhe aprouve tomar
para levar o tempo à sua plenitude:
a de em Cristo encabeçar todas as coisas,
as que estão nos céus e as que estão na terra.
"Nele, predestinados pelo propósito
daquele que tudo opera
segundo o conselho da vontade,
fomos feitos sua herança,
a fim de servirmos para o seu louvor e glória,

nós, os que já antes de vós esperamos em Cristo.
"Nele também vós,
tendo ouvido a Palavra da verdade
— o Evangelho da vossa salvação —
e nela tendo crido,
fostes selados pelo Espírito da promessa,
o Espírito Santo,
que é o penhor da nossa herança,
para a redenção do povo que ele adquiriu
para o seu louvor e glória."

Judeus e gentios — um só espírito

"Por isso, vós, que antes éreis gentios na carne e éreis
chamados "incircuncisos" pelos que se chamam "cir-
cuncidados" ... em virtude de operação manual na
sua carne, lembrai-vos de que naquele tempo estáveis
sem Cristo, excluídos da cidadania em Israel e estra-
nhos às alianças da Promessa, sem esperança e sem
Deus no mundo. Mas agora, em Cristo Jesus, vós,
que outrora estáveis longe, fostes trazidos para perto,
pelo sangue de Cristo.
    "Ele é nossa paz:
de ambos os povos fez um só,
tendo derrubado o muro de separação
e suprimindo em sua carne a inimizade —
a Lei dos mandamentos expressa em preceitos —,
a fim de criar em si mesmo

um só Homem Novo,
e de reconciliar a ambos com Deus
em um só Corpo,
por meio da Cruz,
na qual ele matou a inimizade.
"Assim, ele veio e anunciou paz
a vós que estáveis longe
e paz aos que estavam perto,
pois, por meio dele, nós, judeus e gentios,
num só Espírito, temos acesso ao Pai."

"Portanto, já não sois estrangeiros e adventícios, mas concidadãos dos santos e membros da família de Deus. Estais edificados sobre o fundamento dos Apóstolos e dos Profetas, do qual é Cristo Jesus a pedra angular. Nele bem articulado, todo o edifício se ergue como santuário santo, no Senhor, e vós, também nele sois coedificados para serdes habitação de Deus, no Espírito."

Apelo à unidade e ao amor ("Eu, prisioneiro no Senhor")

"Exorto-vos, pois, eu, o prisioneiro no Senhor, a andardes de modo digno da vocação a que fostes chamados: com toda humildade e mansidão, com longanimidade, suportando-vos uns aos outros com amor, procurando conservar a unidade do Espírito, assim como é uma só a esperança da vocação a que fostes chamados; há um só Senhor, uma só fé, um só batismo; há um só Deus e Pai de todos, que está acima de todos, por meio de todos e em todos."

"Mas a cada um de nós foi dada a graça pela medida do dom de Cristo, por isso é que se diz:

Tendo subido às alturas, levou cativo o cativeiro, concedeu dons aos homens."

Unidade na humildade

"Portanto, pelo conforto que há em toda ternura e compaixão, levai à plenitude minha alegria, pondo-vos acordes no mesmo sentimento, no mesmo amor, numa só alma, num só pensamento, nada fazendo por competição e vanglória, mas com humildade, julgando cada um os outros superiores a si mesmo, nem cuidando cada um só do que é seu, mas também do que é dos outros. Tende em vós o mesmo sentimento de Cristo Jesus:

"Ele, estando na forma de Deus,
não usou de seu direito de ser tratado como um deus
mas se despojou,
tomando a forma de escravo.
"Tornando-se semelhante aos homens
e reconhecido em seu aspecto como um homem
abaixou-se,
tornando-se obediente até a morte,
à morte sobre uma Cruz
"Por isso Deus soberanamente o elevou,
e lhe conferiu o nome que está acima de todo nome,

a fim de que ao nome de Jesus todo joelho se dobre
nos céus, sobre a terra e debaixo da terra,
e que toda língua proclame que o Senhor é Jesus
Cristo
para a glória de Deus Pai."

PRIMADO DE CRISTO

"Ele é a Imagem do Deus invisível,
o Primogênito de toda criatura,
porque nele foram criadas todas as coisas,
nos céus e na terra,
as visíveis e as invisíveis:
Trono, Soberanias, Principados, Autoridades,
tudo foi criado por ele e para ele.
"É antes de tudo e tudo nele subsiste.
É a cabeça da Igreja,
que é o seu Corpo.
É o Princípio,
o primogênito dos mortos,
tendo em tudo a primazia,
pois nele aprouve a Deus
fazer habitar toda a Plenitude
e reconciliar por ele e para ele todos os seres,
os da terra e os dos céus,
realizando a paz pelo sangue da sua Cruz."

Vida cristã

"Vós sois amados por Deus, sois os seus santos eleitos. Por isso, revesti-vos de sincera misericórdia, bondade, humildade, mansidão e paciência, suportando-vos uns aos outros e perdoando-vos mutuamente, se um tiver queixa contra o outro. Como o Senhor vos perdoou, assim perdoai vós também. Mas, sobretudo, amai-vos uns aos outros, pois o amor é o vínculo da perfeição. Que a paz de Cristo reine em vossos corações, à qual fostes chamados como membros de um só corpo. E sede agradecidos. Que a palavra de Cristo, com toda a sua riqueza, habite em vós. Ensinai e admoestai-vos uns aos outros com toda sabedoria. Do fundo dos vossos corações, cantai a Deus salmos, hinos e cânticos espirituais, em ação de graças. Tudo o que fizerdes, em palavras ou obras, seja feito em nome do Senhor Jesus Cristo. Por meio dele dai graças a Deus, o Pai. Esposas, sede solícitas para com vossos maridos, como convém, no Senhor. Maridos, amai vossas esposas e não sejais grosseiros com elas. Filhos, obedecei em tudo aos vossos pais, pois isso é bom e correto no Senhor. Pais, não intimideis os vossos filhos, para que eles não desanimem."

Combati o bom combate

"Quanto a mim, já fui oferecido em libação, e chegou o tempo de minha partida. Combati o bom combate, terminei a minha carreira, guardei a fé. Desde já me está reservada a coroa da justiça, que me dará o Senhor, justo Juiz, naquele Dia: e não somente a mim, mas a todos os que tiverem esperado com amor sua Aparição."

EPÍSTOLAS: ROMANOS, CORÍNTIOS, GÁLATOS, EFÉSIOS, FILIPENSES, COLOSENSES, TESSALONICENSES

"Revelações" de João (o Apocalipse)

"Não temais, eu venci o mundo."
JOÃO 16,33

IMPORTÂNCIA E MENSAGENS ÀS IGREJAS

Importância e atualidade

Em geral, subestima-se o "Livro das Revelações", por duas razões. Primeiro, porque João escolhe a forma de *Apocalipse*, muito usada pelos profetas do Antigo Testamento (principalmente o Livro de David), mas que é estranha ao Novo Testamento: usa muito as visões e símbolos.

Em segundo lugar, porque se volta bastante para a escatologia, dada a preocupação dos cristãos, à época, com a segunda vinda do Messias.

Sem embargo, é grande a importância e atualidade do "Apocalipse", para o Cristianismo de então, e para o Cristianismo atual.

Isso porque o último livro da Bíblia, em essência, está preocupado é com fortalecer a fé e perseverança dos cristãos, diante dos riscos, problemas, hostilidade, que a Igreja enfrentava ou viria a enfrentar. Então e hoje. Dirigia-se aos cristãos da época. E aos cristãos de todos os tempos. Porque ainda hoje, 2011, vemos os problemas que estão acontecendo em Alexandria, no Egito. E na Coreia do Norte.

No fundo, somos "levados a um outro mundo, para ver o nosso mundo mais claramente".

O *contexto*

O Apóstolo João escreveu o "Apocalipse" quando estava exilado na Ilha de Patmos*, que fica localizada a cerca de 65 km da Costa da Ásia Menor, e era conhecida pelo culto a Apolo e Artêmis.

As sete Igrejas da Ásia a que as cartas do Apocalipse foram destinadas são: Éfeso, Esmirna, Pérgamo, Tiatira, Sardes, Filadélfia e Laodicéia.

A época era o final do Século I, sendo Imperador Domiciano, que a si mesmo proclamou Deus, perante um perplexo Senado. Sua atitude perante o Cristianismo era de, pelo menos, hostilidade, principalmente nas cidades da Província romana da Ásia Menor.

Domiciano decretou que fosse tratado como "Imperador e Deus", e os cristãos se recusaram. Daí os problemas que passaram a enfrentar. Isso criou a oportunidade para o "Apocalipse", que não tem nenhum final apocalíptico.

---

* Estamos deixando de lado a questão de autoria, e seguindo a tradição de tomar João como o autor.

"CRISTÃOS QUE SE BEIJAM" E O "CREPÚSCULO DOS DEUSES"

Introdução

Cristo faz as Revelações a João, que a transmite às sete Igrejas da Ásia Menor, e a todos os cristãos, em sinal de advertência. E para que enfrentem os riscos e hostilidades. À época e ao longo dos séculos*.

Dizendo-se inspirado pelo Espírito, e falando em nome de Jesus Cristo, "Aquele que nos ama e nos lavou de nossos pecados com seu sangue, e fez de nós uma realeza de sacerdotes para Deus, seu Pai", começa com a invocação:

"Eis que ele vem com as nuvens,

E todos os olhos o verão,

Até mesmo os que o transpassaram,

E todas as tribos da terra

Baterão no peito por causa dele."

"Eu sou o Alfa e o Ômega**", diz o Senhor Deus, "Aquele-que-é, Aquele-que-era e Aquele-que-vem, o Todo-Poderoso".

Mensagens especiais às igrejas da Ásia

As Mensagens Especiais às Igrejas citadas referem-se às virtudes e fraquezas de cada uma delas.

---

* Guerras, perseguições, um mundo por vezes hostil, governos totalitários. No Século XX e no Século XXI, a atualidade do *Apocalipse* é a mesma.
** O Início e o Fim.

E abordam o conjunto da experiência cristã: necessidade de perseverança, perda de entusiasmo, desavenças internas, complacência. Preocupação especial é demonstrada em relação aos cristãos por demais envolvidos nas questões políticas, religiosas e econômicas de suas cidades, em prejuízo do zelo cristão: os "Nicolaítas*", os cultuadores da Sacerdotisa "Jezebel" (em Tiatira), os adeptos de Balaan (também Pérgamo).

---

* Heresia própria de Pérgamo.

MENSAGENS GERAIS AOS CRISTÃOS

Sala do trono — o livro fechado e os sete selos

Numa visão, havia uma porta aberta no céu e, movido pelo espírito, João viu que havia um trono, e, <u>no trono, alguém sentado</u>.

Os viventes, em torno do trono, entoam um hino ao Deus-criador:

"Digno és tu, Senhor e Deus nosso,
De receber a glória, a honra e o poder,
Pois tu criaste todas as coisas:
Por tua vontade, elas não existiam e foram criadas".

Na mão direita daquele que estava sentado no trono, João viu um livro selado com Sete Selos.

Mas ninguém no céu, na terra, ou sob a terra, era capaz de abrir nem de ler o livro.

Mas, ao lado do trono, apareceu um Cordeiro de pé, como que imolado. E o Espírito.

Então, o canto:
"Digno és tu de receber o livro
E de abrir seus selos,
Pois foste imolado e, por teu sangue,
Resgataste para Deus
Homens de toda tribo, língua, povo e nação
Deles fizeste, para nosso Deus,
Uma realeza de sacerdotes,
E eles reinarão sobre a terra."
João viu quando o Cordeiro abriu o primeiro dos
Sete Selos. Apareceu, então, um cavalo branco. Seu ca-
valeiro, um vencedor e para vencer ainda. Expansão do
Evangelho?

Segundo Selo: cavalo vermelho. Seu montador, com
poder de tirar a paz da terra, para que os homens se
matassem entre si.

Terceiro selo: cavalo negro, e um montador com
uma balança na mão. E as vozes, em torno, falando de
negócios. A preços exorbitantes.

Quarto selo; cavalo esverdeado. Seu montador: "a
morte*". E Hades o acompanhava. Ao quarto cavaleiro
do Apocalipse foi dado poder sobre um quarto da Terra, para que exterminasse pela espada, pela fome, pela
peste e pelas feras da terra.

João, nesse momento, lembrou-se da oitava visão do
Profeta Zacarias: quatro carros — no primeiro, cavalos
vermelhos; no segundo, cavalos pretos; no terceiro, ca-

---

* "Esverdeada" — cor dos mortos, já em início de decomposição.

"CRISTÃOS QUE SE BEIJAM" E "O CREPÚSCULO DOS DEUSES"

valos brancos; no quarto, cavalos malhados. Cavalos que se espalhariam em todas as direções.

Na abertura do quinto Selo, sob o altar, as almas dos que tinham sido imolados por causa da palavra de Deus e do testemunho que dela tinham dado. Os mártires.

E a cada um foi dada uma veste branca.

A abertura do sexto Selo levou a um grande terremoto e os poderosos, e também os fracos, esconderam--se nas cartas.

Era chegado o dia da grande ira do Cordeiro.

Mas os que servem a Deus serão preservados.

Um anjo gritou a quatro outros anjos: "Não danifiqueis a terra, o mar e as árvores, até que tenhamos marcado a fronte dos servos do nosso Deus."

E assim se fez.

Então, uma grande multidão, de todas as nações, tribos, povos e línguas, de pé, diante do trono e diante do cordeiro, trajada de vestes brancas e com palmas na mão, passou a proclamar:

"A salvação pertence ao nosso Deus.

Que está sentado no trono, e ao Cordeiro."

A multidão dos mártires cristãos já alcançaram a felicidade celeste.

Era, então, chegada a hora. E o Cordeiro abriu o sétimo Selo.

"Houve no céu um silêncio de cerca de meia hora..."
SILÊNCIO QUE PRENUNCIA A VINDA DE IAWEH.*

---

* Segundo a tradição profética.

O *livrinho aberto*

A nova visão foi de um Anjo, que pousou o pé direito sobre o mar e o esquerdo sobre a terra. Na mão, um livrinho aberto.

A voz do céu que antes fora ouvida falou a João: "Vai, toma o livrinho aberto na mão do Anjo que está em pé sobre o mar e sobre a terra."

João assim fez.

O Anjo disse:

"Toma e devora-o. Ele amargará o estômago, mas em tua boca será doce como o mel."

João tomou o livrinho da mão do Anjo e o devorou: na boca era doce como o mel. Mas quando desceu ao estômago se lhe tornou amargo.

Só então o Apóstolo percebeu que deveria continuar profetizando, porque muito estava por vir.

O doce na boca é a mensagem de que o triunfo da Igreja virá. O amargo no estômago adverte: dificuldades, sofrimentos terão de ser enfrentados.

Soou, então, a sétima trombeta, tocada pelo sétimo Anjo. Fortes vozes no céu passaram a clamar:

"A realeza do mundo

Passou agora para nosso Senhor e seu Cristo

E ele reinará pelos séculos dos séculos."

Daí a interpretação: "A 'Revelação' de João é uma apresentação cíclica de visões, repetindo, ou recapitu-

"CRISTÃOS QUE SE BEIJAM" E O "CREPÚSCULO DOS DEUSES"

lando, a mesma mensagem básica da presente, iminente destruição dos perversos e a recompensa dos justos."*

O elemento básico dessa estrutura recapitulativa é o padrão sete, número sagrado, indicando totalidade e realização.

---

* Ver "*Revelation*", de Bernard McGinn, "The literary guide to the Bible", Harvard University Press, Cambridge, Massachussetts, EUA, 1987.

A MULHER E O DRAGÃO

A próxima visão: um sinal grandioso apareceu no céu: "Uma Mulher vestida com o sol, tendo a lua sob os pés e sobre a cabeça uma coroa de doze estrelas. Estava grávida e gritava, entre as dores do parto, atormentada para dar à luz.

"Apareceu então um outro sinal no céu: um grande Dragão, cor de fogo, com sete cabeças e dez chifres. E, sobre as cabeças, sete diademas. Sua cauda arrastava um terço das estrelas do céu, lançando-as para a terra."

João raciocinou: a Mulher deve ser povo de Deus, do qual proveio o Messias, e, depois, deu origem à Igreja. E é, também, a imagem da Virgem, que gerou o Cristo, concebida e vivendo sem pecado.

O Dragão é a imagem das forças do mal, agora e ao longo dos tempos. A Igreja terá sempre de enfrentar obstáculos.

Nesse momento, a visão se desloca para a perseguição que o Dragão moveu contra a Mulher, que dera à

"CRISTÃOS QUE SE BEIJAM" E O "CREPÚSCULO DOS DEUSES"

luz um filho homem. Para fugir do Dragão, ela se aproveitou das asas da grande águia e voou para o deserto, para o lugar em que, longe da serpente, pode ser alimentada por um tempo, tempos e metade de um tempo.

A Serpente, então, vomitou água, para criar um rio que submergisse a Mulher. A terra, porém, veio em socorro da mulher, absorvendo o rio. Enfurecido, o Dragão voltou-se contra o resto dos descendentes da Mulher — os que observam os mandamentos de Deus e mantêm o testemunho de Jesus.

João parou para refletir: o Império Romano já se está voltando contra os cristãos, e outros impérios e forças maléficas farão o mesmo. Mas os cristãos, com a graça de Deus, mais forte que as asas da águia, sempre poderão resistir. Se quiserem.

Ocorreu-lhe, também, que Eva, no Éden, cedera à tentação da serpente, e induzira Adão a fazer o mesmo. Paraíso Perdido.

Mas, agora, a Mulher, descendente de Eva, está resistindo à Serpente, e, por isso, recebe o auxílio de Deus. Significado: a mulher está querendo voltar ao Paraíso.

O CASTIGO DE BABILÔNIA

A próxima visão foi de um dos sete Anjos, que falou a João: "Vou mostrar-te o julgamento de Babilônia, a grande prostituta."

O Anjo o transportou, em espírito, para o deserto, onde João viu uma mulher vestida com púrpura e escarlate, adornada de ouro, pedras preciosas, pérolas. Sobre a fronte, um nome, um mistério: "Babilônia, a grande, a mãe das prostitutas e das abominações sobre a Terra."

Falou o anjo:

"A mulher que viste é a grande cidade que reina sobre os reis da Terra."

Nesse momento, um outro Anjo desceu do céu. E gritou com voz poderosa:

"Caiu! Caiu Babilônia, a grande!"

E outro Anjo, poderoso também, tomou uma grande pedra e a atirou no mar, dizendo:

"Com tal ímpeto será lançada

Babilônia, a grande cidade,
E nunca mais será encontrada.
Uma hora apenas bastou para o teu julgamento,
Porque o Senhor Deus, que a julgou, é forte."
Para João, Babilônia era sempre Roma, a prostituta.
Mas, aos poucos, veio-lhe a ideia de que o fim de Roma
— julgada, sim, e condenada —, não era talvez iminente. E outras babilônias, com o tempo, viriam a erguer-se.
Nisto, saiu do trono uma voz, convidando:
"Alegremo-nos e exultemos,
Demos glória a Deus,
Porque estão para realizar-se as núpcias do Cordeiro,
E sua esposa já está pronta."

A JERUSALÉM CELESTE

A última visão levou João a dizer:

"Então vi um novo céu e uma nova terra. O primeiro céu e a primeira terra desapareceram, e o mar sumiu."

Continua:

"E vi a Cidade Santa, a Nova Jerusalém, que descia do céu. Ela vinha de Deus, enfeitada e preparada, vestida como uma noiva, que vai se encontrar com o noivo."

Nisto ouviu-se uma voz forte, que, do trono, dizia:

"Agora a morada de Deus é com os homens,

Deus vai morar com eles,

E eles serão o seu povo,

E ele, Deus-com-eles, será o seu Deus.

Ele enxugará toda lágrima dos seus olhos,

Pois nunca mais haverá morte,

Nem luto, nem clamor, nem dor haverá mais.

Sim. As coisas antigas se foram."

O que está sentado no trono declarou então:

"Eis que eu faço novas todas coisas."

E continuou:

"Escreve, porque estas palavras são fiéis e verdadeiras."

Disse ainda:

"Elas se realizaram.

Eu sou o Alfa e o Ômega,

O Princípio e o Fim.

E a quem tem sede eu darei gratuitamente

Da fonte de água viva.

O vencedor receberá esta herança

E eu serei seu Deus e ele será meu Filho."

Ainda:

"Quanto aos covardes, porém, e aos infiéis, aos corruptos, aos assassinos, aos impudicos, aos magos, aos idólatras e a todos os mentirosos — esses eu renego. O que os espera é uma segunda morte. Eterna."

Depois, um dos sete Anjos disse ao Apóstolo:

"Vem. Vou mostrar-te a Esposa, a mulher do Cordeiro."

Arrebatou-o em espírito sobre um grande e alto monte e mostrou-lhe a Cidade Santa, Jerusalém, que descia do céu, de junto de Deus, com a glória de Deus.

"Mostrou-lhe depois um rio de água da vida, límpido como cristal, que saía do trono de Deus e do Cordeiro. No meio da praça, de um lado e do outro do rio, há árvores da vida, e suas folhas servem para curar as nações." Como as águas vivas e vivificantes simbolizavam o Espírito, estava João diante da Trindade.

Finalmente, o Ressuscitado, de Jerusalém, passou a espalhar sua luz sem sombra e sua santidade sobre todas as nações, falando:

"O Espírito e a esposa dizem: 'Vem'."

O Apóstolo João parou um momento para interrogar-se: como interpretar essa Jerusalém Celeste?

Sim. Só pode ser uma coisa: o Reino de Deus. Reino que pode começar neste mundo. Depende de nós. E o Inferno também.

Quando Jesus Cristo disse a Pilatos: "O meu Reino não é deste mundo", o que significou foi: "A César o que é de César. E a Deus o que é de Deus."

Por exemplo, César cobra impostos.

Deus cobra Amor.

CONCLUSÃO: AS REVELAÇÕES* SOBRE O "LIVRO DAS REVELAÇÕES"

Santo Agostinho, na "Cidade de Deus", reconhece o erro de uma interpretação escatológica do "Apocalipse", e passa a interpretar "O Reino milenar de Cristo e dos Santos na terra como a história da Igreja**".

Antes mesmo de Agostinho, Tyconius (IV Século) adotou uma interpretação espiritualista (não milenarista) das "Revelações", dando ênfase à ideia do Anticristo como o "crescente grupo de praticantes do mal dentro da própria Igreja".

Para Lutero, a "mensagem que é revelada é fundamentalmente de sentido evangélico: as aflições e tribulações da sagrada Igreja Cristã".

ENTÃO: ADVERTÊNCIA E PROMESSA.

---

* Joachim of Fiore (XII século) chega a confessar que teve uma revelação sobre o "Livro das Revelações: meditando de madrugada percebeu subitamente..." a plenitude desse livro e a inteira harmonia entre o Antigo e o Novo Testamento.
** Ver *"The Literary Guide to the Bible"*, obra citada.

ESSÊNCIA DO "APOCALIPSE*": "PARAÍSO RECONQUISTADO"

"Na visão do Apóstolo João, o fim é o começo. O Paraíso do Éden, antes tragicamente Perdido para a humanidade, é agora Reconquistado, pelo fato de a humanidade encontrar seu verdadeiro destino nos planos de Deus."

---

* Ver "*BIBLICA — A Social and Historical Journey through the Lands of the Bible*", Barron´s, Hauppauge, N.Y., EUA, 2007.

PARTE VIII

A Era de Constantino — e a Revolução da Cruz

CONSTANTINO — O GRANDE?
CONSTANTINO — O ENIGMA?

ESTAMOS, PROVAVELMENTE, DIANTE DO TEMA MAIS COMPLEXO DESTE LIVRO: COMO INTERPRETAR CONSTANTINO, E SUA ERA. TENTAREMOS FAZÊ-LO ATRAVÉS DE QUESTÕES, A SEREM RESPONDIDAS ATRAVÉS DOS ESTUDOS MAIS OBJETIVOS, SEM RESVALAR PARA O PANEGÍRICO, PELO SIMPLES FATO DE QUE CONSTANTINO, O GRANDE, FOI IMPORTANTE, MUITO IMPORTANTE, PARA A UNIVERSALIZAÇÃO DO CRISTIANISMO.

A grande questão:
Por que Constantino deu liberdade
de culto aos cristãos?

Após a grande perseguição, de Diocleciano, vemo-nos diante de uma Era ainda mais difícil de interpretar — a Era de Constantino, filho de Constâncio Cloro, César do Ocidente.

A Grande Questão é: quando se tornou Augusto (Imperador), em 312, deu liberdade de culto aos cristãos e induziu o Augusto do Oriente, Licínio, a fazer o mesmo. Por quê?

Era Constantino cristão?

O momento decisivo foi quando teve de enfrentar Maxêncio, filho de Maximiano, e que se proclamara Augusto do Ocidente. Para isso, Constantino fez uma campanha napoleônica.

Depois de vitórias contra os acamanos, os francos, captura de reis germânicos e construção de uma ponte sobre o Reno, voltou-se na direção de Roma. Atravessou os Alpes, dominou Turim, Milão, Verona, Módena e chegou à Via Flamínia, de onde pode ver Roma.

No dia seguinte, o exército de Maxêncio atravessou o Tibre pela ponte de Mílvio (e uma outra, de barcas, que fora formada para apressar a travessia).

O que aconteceu na noite anterior à batalha entre os dois exércitos é, até hoje, objeto de controvérsia.

Na versão tornada famosa, Constantino teve um sonho, no qual lhe apareceu o signo cristão (CHR), que as legiões sob seu comando passaram a usar no escudo. E a batalha foi vencida.

A segunda versão é que, no meio da batalha, Constantino teve uma visão, do signo cristão com a legenda: *"In Hoc Signo Vinces"* ("Com Este Sinal Vencerás"). E a luta foi, então, travada sob o impulso do Deus cristão.

A terceira versão é de um orador pagão, que fala de uma experiência religiosa de Constantino na marcha proveniente da Gália: uma visão de Apollo. À visão da batalha da ponte é atribuída a conversão de Constantino.

Como quer que seja, importa notar: "Ao longo de toda a vida, Constantino atribuiu seu sucesso à conversão ao Cristianismo e ao apoio do Deus cristão". "Uma estátua erguida na mesma época (derrota de Maxentius) mostrava Constantino, pessoalmente segurando no alto uma cruz", e a legenda: "Por este sinal salvador, eu livrei a vossa cidade de um tirano e restituí a liberdade ao Senado e ao povo de Roma"*.

Como quer que seja, o que se pode dizer é que Constantino foi um benfeitor e protetor dos cristãos e da Igreja.

---

* Conforme a *"Encyclopaedia Britannica"*, Macropedia, Vol. 5, *"Constantine the Great"*.

"CRISTÃOS QUE SE BEIJAM" E O "CREPÚSCULO DOS DEUSES"

Antes de tudo, deu liberdade de culto aos cristãos, e induziu o Augusto do Oriente, Licínio, a fazer o mesmo (como dito).

Muitos outros benefícios: isenções de impostos para as Igrejas, construção de inúmeras Igrejas, em Roma e em diversas Províncias do Império.

O certo é que Constantino se comportou como um Imperador cristão, nas suas relações com os cristãos e a Igreja. Em outros aspectos — isso já é outra história.

Questão:
Como interpretar Constantino pessoalmente?

Constantino (Flavius Constantinus Maximus) foi, realmente, "o Grande", porque tinha Fortuna (sorte) e conquistou a Virtú, ou seja, o domínio da Fortuna.

Sua ascensão ao poder mostrou isso claramente, segundo vimos.

Por isso, mudou o curso da História.

Sem embargo, moralmente era um figura complexa.

"Modelo de uma vontade férrea. Que bruscamente desfalece, cede por vezes ao desânimo e passa a aceitar todas as influências. Homem generoso, amigo da clemência. Muitas vezes explode em violências sanguinárias e se mostra de uma terrível crueldade, misto de humildade sincera e de um orgulho que nenhum louvor poderá apaziguar."*

Defensor dos cristãos, cometeu terríveis atrocidades: mandou lançar às feras os chefes germanos vencidos, fez torturar até a morte 6.000 prisioneiros suevos.

E que dizer das tragédias familiares?

* Ver Daniel Rops, capítulo "Com este sinal vencerás".

Na guerra contra Licínio (casado com sua irmã Constança), levou-o a capitular e o condenou à morte. Ante a intervenção do irmão, perdoou o cunhado. Entretanto, seis meses depois, mandou estrangulá-lo, sob o pretexto de que Licínio, exilado na Tessalônica, conspirava contra ele.

Houve ainda a dupla tragédia palaciana, até hoje mal explicada.

Retornando a Roma, ouviu rumores de que algo haveria entre seu filho Crispo (de um primeiro casamento) e sua mulher Fausta (despeito, atração? Ou uma mistura). O certo é que Crispo foi encerrado na fortaleza de Pola e executado.

Horror em Roma e grande parte do Império.

E certo dia, quando Fausta ia tomar banho, guardas invadiram o local e jogaram a imperatriz na banheira de água fumegante, até sua morte.

Parece estarmos diante de um Augusto de boa índole, mas, às vezes, dominado pelo medo e pela violência.

Por outro lado, que dizer da consciência religiosa de Constantino?

Talvez estejamos diante de um enigma. Alguém que, como Janus, tinha duas faces. Ou várias. Tentativa de síntese:

"Tentativas têm frequentemente sido feitas de penetrar na consciência religiosa de Constantino. E construir um quadro hipotético das mudanças em suas convicções religiosas. Tais esforços são fúteis".

"Num gênio impulsionado, sem cessar, pela ambição e busca do poder, não pode haver questão de Cristianismo ou Paganismo, de religiosidade ou irreligiosidade consciente."*

Mas há uma outra interpretação, talvez até mais plausível; em se tratando do protagonista de um drama interior, a probabilidade de que tenha havido, na consciência de Constantino, uma evolução no seu caminho para Deus. Desta forma, o seu batismo *in articulo mortis* passa a fazer sentido.

---

* Burckhardt, capítulo "Constantine and the Church".

Questão:
Que dizer de Constantino, o imperador?

VISÃO DE SÍNTESE

"Considerados os diferentes aspectos, Constantino era mais apto a governar que todos os seus contemporâneos e colegas, ainda que às vezes tenha, assustadoramente, cometido abusos de poder. Ninguém contestou o título "O Grande".

... "O mundo romano foi primeiro conquistado por ele, depois teve de adequar-se a uma nova religião, e então reorganizado em diferentes aspectos."

Em seguida, alguns aspectos mais específicos a destacar.

Primeiro, o estabelecimento de Prefeituras Regionais com autoridade suprema sobre assuntos de Administração e Finanças (mas sem poder militar).

Desfavoravelmente, coloca-se o seu excesso de gastos, financiado por aumento de Impostos e Tributos novos.

Em terceiro lugar, a fundação de Constantinopla — ato de grande importância no longo prazo.

Na Área Militar, o sucesso de Constantino foi insuperável: vitórias sobre francos e godos, além das obtidas nas Guerras Civis, revelando domínio criativo da Estratégia Militar.

Entretanto, acima de tudo, deve-se destacar o desenvolvimento alcançado nas áreas Social e Cultural, com o auxílio da Cristianização do Império.

CONSTANTINO E O CONCÍLIO DE NICAEA (325 d.C.)

Ainda não batizado, mas já catecúmeno, Constantino presidiu a abertura do Concílio (o Primeiro Concílio Ecumênico da Igreja) e participou nos debates.

Sobre o Concílio, em si, o essencial é dizer que consagrou o dogma da Divindade de Jesus Cristo (e, consequentemente, a Trindade Santíssima), condenando o arianismo (Árius, Presbítero da Sé de Alexandria).

EPÍLOGO

Visão atual:
O indispensável Cristianismo. Como o Cristianismo, assimilando a Civilização Grega, a Civilização Romana (e elementos dos "bárbaros" e do Islã clássico), numa grande interação, foi essencial para formar nossa Civilização Ocidental

VISÃO GERAL DA INTERAÇÃO ENTRE CRISTIANISMO E AS DIVERSAS CIVILIZAÇÕES

Tudo começou com aquela "Obscura Notícia", na menor das Províncias Romanas, a Palestina, que, logo objeto de controvérsia, foi levada aos quatro cantos do Mundo Romano.

Notícia proclamada pelos "pobres de Israel": chegara o Messias. Porque Jesus ressuscitara e isso mostrava, aos Discípulos, que era realmente o Cristo, o Salvador.

No percurso que percorremos, viu-se que a "Obscura Notícia" terminou abalando o Império.

Através das interações consideradas — principalmente com as Raízes Judaicas, com a Paideia Grega e com o Império Romano —, ao lado da criação de Comunidades, através de sucessivas Missões, o "Caminho" transformou-se em Cristianismo e adquiriu impulso expansionista. Em todas as direções.

E o Cristianismo se universalizou e conquistou a liberdade de culto, sob Constantino, enquanto se afirmava a tendência ao "Crepúsculo dos Deuses".

Nesta conclusão, a ideia é mostrar como a interação do Cristianismo com a Cultura Grega, a Cultura Romana, e certos elementos dos povos "bárbaros" (principalmente durante a Renascença Carolíngia, de Carlos Magno) e do Islã Clássico, levou à formação de nossa Civilização Ocidental.

Importante notar, entretanto, que foi o Cristianismo, através dos Mosteiros, Catedrais, Universidades — e a Igreja em geral — o instrumento indispensável de preservação da Civilização Clássica (Grega e Romana), e de incorporação das novas Culturas, através dos séculos.

Daí — indispensável Cristianismo.

Vejamos, a seguir, algumas dimensões desse processo secular de evolução e transformação.

DIMENSÕES A SALIENTAR NA INTERAÇÃO DE FATORES BÁSICOS DA CULTURA ATUAL

Em seguida, as principais dimensões.

Inicialmente, a criação das Universidades, que frequentemente surgiram ao amparo das Catedrais. A Universidade, estimulando a criação e acumulação de Conhecimento de alto nível, é uma doação da Civilização Ocidental ao mundo. E sua origem é cristã.

Importante salientar que a Universidade era um fenômeno novo, pois não existia, como a concebemos, nem no Mundo Grego nem no Mundo Romano. Nasceu na Igreja.

Em segundo lugar, e como consequência, a Revolução Científica, que não teria havido sem a Universidade e sem o apoio financeiro e social dado pela Igreja, ao longo de séculos. Principalmente no período difícil que vai da Idade Média à Ilustração ou Iluminismo (Enlightenment)*.

---

* Ver J. L. Heilbron, *The Sun in the Church*, Harvard University Press, Cambridge, Massachusets, EUA.

Terceiro, a contribuição do Cristianismo à Cultura e Artes (inclusive Arquitetura e Literatura), mesmo na Idade Média. Contribuição que ocorria principalmente nos Mosteiros e Universidades.

Quarto, a contribuição ao Direito Moderno, que muito deve ao Direito Canônico, desenvolvido desde os primeiros tempos. A razão foram os conflitos com o Poder Temporal, que exigiam posições da Igreja claramente baseadas em Lei.

Em quinto lugar, importa salientar o papel do Cristianismo no Desenvolvimento de Direitos Humanos, que decorrem de uma visão da Dignidade da Pessoa Humana.

Já no Século XII desenvolvia-se na Igreja a ideia de Direitos Naturais, através dos comentaristas do *Decretum Gratiani*, o famoso compêndio de Direito Canônico do Monge Gratian.

De particular interesse é o papel desempenhado pela Igreja, a partir do início do Século XVI, em favor dos povos nativos, no "Novo Mundo", ou seja, das Américas.

No caso da América Espanhola, ficaram famosos nomes como Frei Francisco de Vitória, Frei Antônio de Montesinos e o bispo Bartolomé de Las Casas. O problema assumiu tal vulto que terminou chegando à alçada do Rei, que formou um grupo de teólogos e juristas. E assim nasceu uma sucessão de Leis sobre o assunto, definindo os Direitos Humanos no Mundo Espanhol.

No Brasil, Anchieta e Nóbrega dispensam comentários.

Por último, mas não o último, cabe destacar o importante papel do Cristianismo no tocante à Assistência Social e ao Apoio aos Pobres.

Como palavra final, deve-se dizer que o processo de evolução e transformação ocorreu principalmente em decorrência de que o Cristianismo sempre proclamou:

"Deus é bom — e fez o homem à sua imagem e semelhança".

Sem esse princípio vital, não haveria o impulso gerador.

REFLEXÃO FINAL:
VISÕES E IMAGENS

- Cântico dos Cânticos (Epílogo)
- A Virgem e o Corão (o *Qur'an*)
- *A Divina Comédia: Paraíso* (Canto XXXI)
- Oração de um monge beneditino
- "A graça das grandes coisas"

CÂNTICO DOS CÂNTICOS

Epílogo

CORO: "QUEM É ESSA QUE SOBE DO DESERTO,
APOIADA EM SEU AMADO?

A AMADA: "SOB A MACIEIRA TE DESPERTEI,
LÁ ONDE TUA MÃE TE CONCEBEU
CONCEBEU E TE DEU À LUZ.

"COLOCA-ME
COMO SINETE SOBRE TEU CORAÇÃO,
COMO SINETE, EM TEU BRAÇO.
POIS O AMOR É FORTE, É COMO A MORTE.
O CIÚME É INFLEXÍVEL COM O XEOL*
SUAS CHAMAS SÃO CHAMAS DE FOGO,

---

* Morada dos mortos.

UMA FAÍSCA DE IAHWEH.

AS ÁGUAS DA TORRENTE JAMAIS PODERÃO

APAGAR O AMOR,

NEM OS RIOS AFOGÁ-LO.

QUISESSE ALGUÉM DAR TUDO O QUE TEM

PARA COMPRAR O AMOR...

SERIA TRATADO COM DESPREZO."

A VIRGEM E O CORÃO ("THE QUR'AN")

Sûrah 19
Maria

Revelado em Meca

E FAÇA REFERÊNCIA A MARIA NA ESCRITURA, QUANDO ELA SE TINHA RECOLHIDO DE SUA GENTE PARA UM QUARTO VOLTADO PARA O LESTE.

E TINHA ESCOLHIDO AFASTAR-SE DELES. ENTÃO NÓS LHE ENVIAMOS NOSSO ESPÍRITO E ELE ADQUIRIU PARA ELA A APARÊNCIA PERFEITA DE UM HOMEM.

ELA FALOU: "OH! EU PROCURO REFÚGIO NO BENFEITOR, SE ÉS TEMENTE A DEUS."

ELE: "EU SOU APENAS UM MENSAGEIRO DO TEU SENHOR, PARA DIZER-TE: FOSTE AGRACIADA COM UM FILHO IMPECÁVEL.

ELA DISSE: "COMO POSSO TER UM FILHO, QUANDO NENHUM MORTAL ME TOCOU, E EU TENHO SIDO CASTA?"

ELE: "ENTÃO, ASSIM SERÁ. O SENHOR DIZ: "É FÁCIL PARA MIM. E FAREMOS D'ELE UMA REVELAÇÃO PARA A ESPÉCIE HUMANA E UMA BENÇÃO QUE CONCEDEREI, E É ALGO JÁ ESTABELECIDO."

E ELA O CONCEBEU, E SE AFASTOU COM ELE PARA UM LUGAR DISTANTE.

"A DIVINA COMÉDIA — PARAÍSO"

*DANTE ALIGHIERI**

Como é sabido, Dante se fez conduzir ao Inferno — uma Montanha de Sete Círculos, em direção ao centro da Terra —, por Virgílio, o autor da *Aeneid* (era pagão). Ao Purgatório também, mas aqui estamos numa Montanha apontada para o alto — há possibilidade de Salvação.

Entretanto, no Paraíso, seu guia foi Beatriz (era Católica). No final da visita ao Paraíso, passa às mãos de São Bernardo.

Canto XXXI

"SÃO BERNARDO, ÚLTIMO GUIA DE DANTE, LHE MOSTRA BEATRIZ, QUE VOLTARA AO SEU LUGAR. O POETA, DE LONGE, LHE AGRADE-

---

* Tradução de Fábio M. Alberti (L&PM Pocket, Porto Alegre, 2004).

CE, E ELA LHE SORRI. ENTÃO, ELE SE VOLTA À CONTEMPLAÇÃO DA ROSA MÍSTICA (IGREJA), E, ESPECIALMENTE, DA VIRGEM MARIA".

A meus olhos aparecia, pois, na forma de Branca Rosa, a santa milícia dos eleitos que em seu sangue Cristo sagrou Esposa. A outra hoste, a dos anjos, enquanto adejava, prosseguiu a contemplar e a louvar a glória d'Esse em cuja visão permanece extasiada, pois foi a Sua bondade que a fez tal qual é.

Do mesmo modo que sai o enxame, indo e tornando, para colher nas flores aquele sumo que na colmeia sabe converter em mel, assim da rosa de pétalas inumeráveis baixavam milites e logo retornavam ao centro, o foco sempre iluminado pelo eterno Amor.

De viva flama traziam as faces; de ouro, as asas; e o corpo de tal brancura que a tanto não chega a candidez da neve. Ao descerem, de sólio em sólio, pela flor, iam espargindo o ardor e a paz hauridos nos voos junto de Deus. A interposição da tão numerosa falange, entre a Suma Altura e a Rosa Mística (Igreja), não impediu que minha vista se estendesse pelo esplendor celeste, pois a luz divina penetra o Universo na proporção em que este se faz digno dela, sem que nada lhe possa servir de impedimento.

Este reino tranquilo e grandioso, povoado por gente que no mundo antecedeu e sucede a Cristo, tinha o Senhor como seu único objetivo. Ó Trina Luz que em uma só estrela refulgindo trazes aquelas almas assim inebriadas. Ilumina e acalma as procelas deste nosso mundo. Se os bárbaros, descidos das terras [frias] jamais iluminadas pela Ursa Maior a girar na vizinhança de seu filho, ao chegarem a Roma, observando as maravilhas ali construídas, quedaram estupefatos, em tempos em que Latrão mantinha a primazia sobre as coisas materiais; eu, em situação igual, do profano passando ao sagrado, do finito à eternidade, vindo da gente florentina para o meio de povo tão casto e puro, qual pasmo não deveria sofrer.

Emudecido, mergulhado em júbilo e em admiração, eu não desejava fazer perguntas. Estava tal qual o peregrino que, chegando ao templo, objeto de sua viagem, procura observá-lo nos pormenores, para bem descrevê-lo ao regressar: corria a minha vista pelos vários sólios, ora acima e logo mais abaixo; por todo o derredor mirava e remirava. Vi semblantes que convidavam à caridade, iluminados pela luz divina e por lume próprio, ornados, ademais, de todas as virtudes.

Devassara o Paraíso com o olhar, sem em nada haver por mais tempo demorado a atenção, quando, voltando-me a arder no desejo de formular perguntas à minha dama, e supondo falar-lhe, percebi que outra alma respondia. Quando pensava ver Beatriz vi um ancião [São Bernardo] vestido pelo mesmo modo que os eleitos. Nos olhos e no todo transluzia nele a divina alegria, pois era o seu aspecto o de um pai a toda bondade afeito. "Onde está ela?", perguntei, aflito. E ele: "Baixar de meu assento ela me fez a fim de satisfazer ao teu desejo. Mas se olhares para o terceiro sólio, hás de vê-la ocupando o lugar mais que merecido". Sem responder, elevei o olhar e vi-a coroada por raios que, descidos do Céu, refletiam-se nela, circundando-a de luz.

O olho do mortal que jaz no mais profundo oceano não dista mais daquele alto Céu onde se formam os trovões, quanto minha vista distava de Beatriz. Mas tal não importava, pois era-me dado divisar os seus traços, sem que nada, nem mesmo o ar, entre nós se interpusesse. Disse de mim para mim, como num oração:

"Senhora minha, minha constante esperança, que não receaste, para me dar certeza, deixar teus vestígios no chão do Inferno. Em tudo quanto nesta viagem experimente, reconheço tua forte presença, tua alta virtude. De servo que eu era, fizeste-me livre, exercendo, nesse caridoso intento, todos os meios e todos os gestos que a emergência requeria. Que ora eu seja fortalecido pelo teu valor; conservada em mim seja a tua munificência, até que minha alma, que purificaste, deixe, ainda pura, o corpo terreno." E ela, embora parecendo estar tão distante, olhou-me e sorriu, para logo voltar a contemplar a Fonte da Eternidade.

"Para que possas perfeitamente chegar ao fim da peregrinação", disse-me então o santo velho, "moveram-me a ser teu guia as preces e o divino amor dessa que venera. Admira com os olhos as flores deste jardim, pois tal prática há de preparar tua vista para contemplar a Suprema Beatífica Visão. A Rainha do Céu, pela qual ardo em constante amor, não me recusa auxílio.

"CRISTÃOS QUE SE BEIJAM" E O "CREPÚSCULO DOS DEUSES"

"Se alguém, acaso, vem da Croácia em romaria, para ver o nosso Santo Sudário, não se farta de venerá-lo, movido pela antiga tradição. Mas em pensamentos recolhidos, expressa a dúvida: "Senhor meu Jesus Cristo, Deus verdadeiro, foi este realmente vosso semblante?". O mesmo sucedeu comigo, vendo a alta caridade desse que já no mundo antegozara vivos elementos desta paz.

"Filho da graça", o santo disse, "a completa alegria do Paraíso não poderás conhecê-la inteira se mantiveres o olhar fixo no plano mais baixo. Eleva-o para o Círculo mais remoto, onde verás a Rainha sentada no trono ao redor do qual o Céu lhe é súdito devoto". Levantei o olhar. Assim como pela alvorada aquela parte do Céu em que o Sol se ergue supera em claridade a outra onde a noite ainda domina, ou assim como aquele que do vale ao fundo ergue o olhar para descobrir o dia no cimo do monte — pude distinguir, no ápice de toda a altura, face por tal modo luminosa que a todo e qualquer lume superava. E como pelos lados do Oriente, onde se aguarda o surgimento daquele carro tão mal guiado por Faetonte mais rutila o Sol, ao passo que para os bordos do horizonte desmaia esse ardor luminoso, assim esta pacífica Auriflama fulgia mais intensa no centro, e seu brilho nas extremidades ia aos poucos diminuindo. Estava o centro rodeado por milhares de anjos voejantes, festivos, diverso cada qual no brilho e no aspecto. Vendo-os e ouvindo-os, manifestava alegria aquela beleza que era, por sua vez, a alegria presente nos olhos angelicais.

Ainda que dono de rica fantasia e de eloquência capaz do maior encanto, eu não poderia descrever um único traço de tal beleza. Notando Bernardo que eu tinha os olhos fitos na muito amada luz, volveu para ela os olhos seus, nos quais havia tamanho afeto que dobrou meu ardor em vê-la.

ORAÇÃO DE UM MONGE BENEDITINO

SENHOR,
DAI-ME:

AMOR. MUITO AMOR.
ALEGRIA. A ALEGRIA DOS FILHOS DE DEUS.
PAZ. A VOSSA PAZ.
GENEROSIDADE, PARA QUE EU SAIBA DOAR-ME.
CRIATIVIDADE. PARA QUE EU TAMBÉM PARTICIPE DA TAREFA
    DA CRIAÇÃO.

"A GRAÇA DAS GRANDES COISAS"*

"E VÓS TEREIS A GRAÇA DAS GRANDES COISAS"

"TALVEZ UM SENTIMENTO INTERIOR ASSIM TIVESSE FALADO, DE FORMA INFINITAMENTE MAIS SUAVE QUE A VOZ DO MONGE (A UM JOVEM CRIATIVO, QUINHENTOS ANOS ANTES), AO RODIN EM FASE DE AMADURECIMENTO, NUMA DE SUAS ENCRUZILHADAS.

"POIS ERA ISSO, PRECISAMENTE, QUE ELE BUSCAVA: A GRAÇA DE GRANDES COISAS".

RAINER MARIA RILKE, "RODIN"

* Ver *"The Grace of Great Things"*, de Robert Grudin, Ticknor & Fields, Nova York, USA, 1990.

EPÍLOGO
O Cristianismo e a alegria

EM "A HISTÓRIA DA ALEGRIA"*, LEMOS:

"SE NÃO FOSSE PELA FREQUÊNCIA E PELA INSISTÊNCIA NOS TERMOS "ALEGRIA" (CHARA) E "ALEGRAR" (CHAIRÓ) NOS EVANGELHOS E AO LONGO DAS EPÍSTOLAS, A HISTÓRIA GERAL DA ALEGRIA NO OCIDENTE SERIA BASTANTE DIFERENTE, E PROVAVELMENTE MENOS CENTRAL DO QUE ELA É".

E EM SEGUIDA:

"O EVANGELHO COMO TAL É UMA *HISTÓRIA CENTRADA NA ALEGRIA*, ESCREVE UM TEÓLOGO; ELE REVELA A COMUNHÃO ETERNA COM O PRÓPRIO DEUS COMO A REALIZAÇÃO MÁXIMA DO *DESEJO DO HOMEM POR UMA PARTICIPAÇÃO ALEGRE NA VIDA*" (GRIFOS NOSSOS).

AINDA:

"OS CRISTÃOS BUSCAM SE IDENTIFICAR COM O CORPO DE FIÉIS, OU IGREJA, ENTENDIDOS COMO UM REBANHO, UMA VINHA OU O CORPO MÍSTICO DO CRISTO; E, NO ENTANTO, O CRISTÃO ENTUSIASTA (MÍSTICO) PODE TAMBÉM SE IDENTIFICAR COM O CRISTO, OU MESMO DEUS."

---

* Adam Potkay, "A História da Alegria — Da Bíblia ao Romantismo tardio", Editora Globo, São Paulo, 2010.

"DE ACORDO COM O EVANGELHO DE JOÃO, ESSA INCORPO-
RAÇÃO DOS FIÉIS POR MEIO DA IMERSÃO, OU NA INTERIORIDADE
PARTILHADA, É REALIZADA *PELO AMOR*, MAS *SEU PROPÓSITO É A
ALEGRIA* (GRIFO NOSSO).

DAÍ A PALAVRA DE CRISTO:

"ASSIM COMO O PAI ME AMOU, TAMBÉM EU VOS AMEI. PER-
MANECEI EM MEU AMOR (AGAPÉ)". E O COMPLEMENTO: "EU
VOS DIGO ISSO PARA QUE A MINHA ALEGRIA ESTEJA EM VÓS E
VOSSA ALEGRIA SEJA PLENA".

OU SEJA, *AMOR* E *ALEGRIA* SÃO COMPLEMENTARES. INDIS-
SOCIÁVEIS.

E OS DESDOBRAMENTOS E IMPLICAÇÕES, PARA OS CRISTÃOS,
QUE DEVEMOS VER A ALEGRIA COMO ALGO DENTRO DE NÓS.
PARTE DO NOSSO SER.

DE UM LADO, ESSE SENTIMENTO DE ALEGRIA PROFUNDA E PER-
MANENTE SE COMUNICA ÀS DIFERENTES FORMAS DE AMOR: AMOR
AO PRÓXIMO, AMOR AOS POBRES, AMOR ROMÂNTICO, AMOR À
FAMÍLIA, AMOR ÀS COISAS ESPIRITUAIS E ARTÍSTICAS (CULTURAIS),
AMOR À NATUREZA (OBRA DE DEUS: "IRMÃO SOL, IRMÃ LUA").

DE OUTRO, TAL ALEGRIA PERSISTE MESMO QUANDO ESTAMOS
SENDO SUBMETIDOS AO SOFRIMENTO. SEJA NAS COISAS DO DIA A
DIA. SEJA NOS CAMINHOS DA VIDA. E ATÉ DA MORTE.

POR ISSO, OS MÁRTIRES ENTOAVAM CANTOS, AO SEREM PER-
SEGUIDOS. E, MESMO, SACRIFICADOS.

E JOANA D'ARC SORRIU, AO PERCEBER O CALOR DAS CHA-
MAS. E HOUVE O "CANTO DA COTOVIA" (ANOUILH).

A CONCLUSÃO:

O CRISTIANISMO COMO RELIGIÃO DA ALEGRIA.

O texto deste livro foi composto em Sabon,
desenho tipográfico de Jan Tschichold de 1964,
baseado nos estudos de Claude Garamond e
Jacques Sabon no século XVI, em corpo 12/16.
Para títulos e destaques,
foi utilizada a tipografia Frutiger, desenhada
por Adrian Frutiger, em 1975.

A impressão se deu sobre papel off-white
$80g/m^2$ pelo Sistema Cameron da
Divisão Gráfica da Distribuidora Record.